S. FRANÇOIS DE PAULE

FONDATEUR DES MINIMES

EXTRAIT ET ABRÉGÉ
DU BEAU LIVRE DE MGR DABERT, ÉVÊQUE DE PÉRIGUEUX :
*Histoire de saint François de Paule
et de l'ordre des Minimes*

PAR

L'ABBÉ PRADIER

TOURS

MAISON ALFRED MAME ET FILS

SAINT FRANÇOIS DE PAULE

3e SÉRIE IN-12

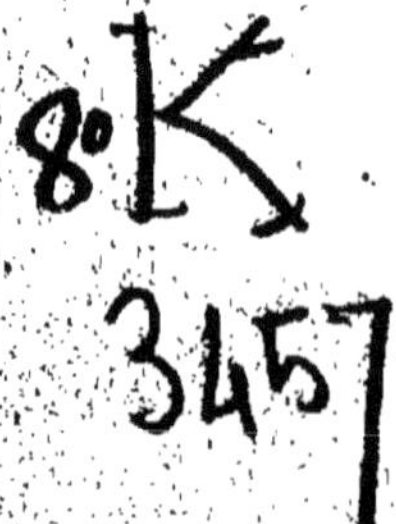

Louis XI et saint François de Paul.

SAINT FRANÇOIS DE PAULE

FONDATEUR DES MINIMES

EXTRAITS ET ABRÉGÉ
DU BEAU LIVRE DE MGR DABERT, ÉVÊQUE DE PÉRIGUEUX :
*Histoire de saint François de Paule
et de l'Ordre des Minimes.*

PAR

L'ABBÉ PRADIER

TOURS

MAISON ALFRED MAME ET FILS

Imprimatur:

† GUILLELMUS, Archiepisc. Turonensis

Turonibus, die 24 februarii 1892.

SAINT FRANÇOIS DE PAULE

I

A vingt-trois kilomètres nord-ouest de Cosenza, dans la Calabre citérieure, tout près d'une plaine peu étendue avoisinant la mer, on voyait autrefois une ville assez obscure, formée d'un amas de maisons de chétive apparence, distribuées sans ordre le long d'un ravin raide et pierreux. C'était Paola; Paola, qui étale aujourd'hui dans la plaine le marbre de ses fontaines, ses habitations élégantes et ses jardins plantés d'orangers. Là, dans une demeure qui était comme suspendue sur une pointe de rocher, vivaient, au commencement du XVe siècle, deux époux chrétiens, Martolilla et Vienna. Cultivant eux-mêmes leurs terres, ils se réservaient des loisirs qu'ils donnaient à la piété et aux bonnes œuvres. « Tous les jours ils allaient deux fois à l'église, le matin pour assister à la messe, le soir pour visiter le saint Sacrement. A la maison, ils faisaient ensemble leurs prières ; ils jeûnaient le vendredi de chaque semaine, et lisaient assidûment la *Vie des saints* [1]. »

Quelque chose manquait à leur bonheur : après quinze ans de mariage ils n'avaient pas d'enfants. Désormais sans espoir du côté de la nature, ils s'adressent alors aux saints patrons d'Assise, François et Claire, et obtiennent la naissance d'un beau garçon (27 mars 1416), que, par reconnaissance, ils appelleront François.

On raconte que la nuit où l'enfant vint au monde, le toit paternel parut illuminé pendant plusieurs heures par une flamme brillante, symbole de la mission divine réservée à François dans un siècle qui ramenait les tendances sensuelles et les matérialistes élégances du monde païen.

Quelques mois après, une tumeur se déclare à l'œil gauche du fils de Vienna. On emploie des remèdes : le mal persiste et fait craindre pour la vue. Que fera la pauvre mère ? Elle prend son enfant dans ses bras et le porte à l'église, devant l'image du patriarche d'Assise. Là, fondant en larmes : « Saint Père, dit-elle, est-ce pour le laisser aveugle que vous me l'avez donné ? Guérissez-le, et pendant un an il portera votre habit dans un couvent de votre ordre. » De retour à la maison, Vienna regarde le visage du petit malade : la

---

[1] Les passages guillemetés sans désignation d'auteur sont tirés de l'*Histoire de saint François de Paule,* par Mgr Dabert; le reste est généralement une analyse de ce bel ouvrage.

tumeur a diminué ; quelques jours plus tard elle a disparu, ne laissant qu'une légère cicatrice, en témoignage du bienfait de la guérison.

Ces faveurs du Ciel étaient de bon augure pour l'enfant. « Le bon Dieu fera quelque chose de notre petit François, se disaient naïvement les deux époux ; élevons-le bien chrétiennement. »

A mesure qu'il grandissait, Vienna s'appliquait en toutes manières à favoriser en lui les premiers intincts de la vertu, et l'on pourrait presque dire qu'il aima, qu'il servit Dieu, avant même de le connaître. Ainsi, cet enfant ne sait pas encore ce que c'est que l'église, et déjà il faut l'y conduire tous les jours. « Là, point de dissipation ni de légè- reté : il est tranquille et paraît recueilli. A genoux près de sa mère, qui récite son rosaire, il le tient lui-même dans ses petites mains ; un peu plus tard, il répondra à sa mère en bégayant. Est-il de retour à la maison, il prie encore, il prie toujours ; et, en priant, il pleure, et c'est par tendresse de dévotion. Il pleure en regardant un crucifix, une image de la sainte Vierge. Sa couche est quelque- fois humide de ses larmes. »

Ajoutons encore un trait. On lui donne de temps en temps des aliments gras ; il ne les prend qu'avec dégoût ; le maigre est ce qu'il mange avec le plus de plaisir.

« A peine arrivé à sa dixième année, on re- marque en lui tous les signes de la maturité de l'âge ; rien dans sa conduite qui se ressente de l'irréflexion d'un adolescent. Son corps grandit ; mais sa raison, sa volonté, son caractère, se montrent comme s'ils avaient acquis leur plein développement. On dirait un ange descendu du ciel pour subir ici-bas la captivité des sens. » Nous n'avons à rapporter que deux paroles sorties de la bouche de ce saint enfant, mais son âme s'y révèle tout entière.

Un jour que le jeune François récitait son rosaire à genoux et tête nue, sa mère insista pour qu'il se couvrît. « Oh! ma mère, lui répondit-il, si je parlais à la reine de Naples, vous me diriez bien de rester tête nue; eh! la Reine du ciel n'est-elle pas plus grande dame que la reine de Naples? » Une autre fois qu'elle pressait doucement son fils d'aller se joindre à quelques petits camarades jouant près de la maison, François lui fit cette réponse : « Je sortirai, ma mère, si vous le voulez; mais comme je n'aime à être qu'en la compagnie du bon Dieu, je vous assure que je n'aurai pas d'autre plaisir, en jouant, que celui de vous obéir. »

A treize ans, François eut une vision. Comme il dormait profondément, son séraphique patron, vêtu de bure, la tête nimbée, lui apparut au sein d'une lumière éclatante, et lui dit : « Mon fils, il est temps que vous accomplissiez la promesse de votre mère; allez donc, sans différer, où Dieu vous appelle. » Dès le lendemain, l'enfant raconte à ses parents ce qu'il a vu et entendu, et les prie de le conduire dans un couvent de saint François. Eux, émus dans leur foi naïve et tristement résignés à la volonté de Dieu, le mènent au P. Antoine de Catanzaro, chez les mineurs conventuels de Saint-Marc. « Cet enfant est à votre père saint François autant qu'à nous, dit Vienna au religieux ; nous avons promis de lui faire passer un an dans une de vos maisons, et nous venons tenir notre parole. Recevez donc, mon Père, ce cher enfant ; qu'il reste auprès de vous, avec la bénédiction du Seigneur et la nôtre. » Vienna se mit à pleurer. Martolilla, silencieux à côté d'elle, partageait son émotion. François, à genoux devant le père gardien, ne pleurait pas, mais priait. L'homme de Dieu s'attendrit à son tour ; il saisit François et le presse tendrement dans ses bras.

Le lendemain, après la messe, il fit devant les parents la cérémonie du *petit habit,* qu'il termina par ces paroles : « Mon fils, avec le pauvre habit que je viens de vous donner l'on sert le Roi du ciel dans cette sainte maison, sous les aimables lois de la pauvreté, de l'humilité, de l'obéissance et de la chasteté. »

La vie de François, au couvent de Saint-Marc, fut celle d'un fervent religieux. Il passait ordinairement la matinée à l'église, servant les messes, balayant le pavé, parant les autels. Quelques heures avant le dîner, il était aux ordres du frère cuisinier, allait à la fontaine, au bûcher, au jardin. Dans la soirée, on le trouvait auprès des infirmes et des malades, pour les soigner et les distraire. De temps en temps il suivait les frères quêteurs au bois et à l'aumône ; quelquefois on l'y envoyait seul.

Son recueillement faisait de ces diverses occupations un prière continuelle ; néanmoins il passait encore de longues heures, la nuit, priant et méditant à genoux devant un crucifix appendu au mur de sa cellule.

En même temps, rien, dans les saints exemples dont il était entouré, n'échappait à sa piété attentive ; il recueillait avec soin, pour en nourrir son âme, tous les parfums de vertu qui s'exhalaient autour de lui.

La pénitence avait pour cet enfant d'invincibles attraits. Il s'était mis tout d'abord à la règle commune. Dans la crainte qu'il ne pût en supporter les rigueurs, le P. Antoine voulut lui imposer des adoucissements. François les refusa. Bien plus, il fallut lui permettre la pratique de la discipline et la dure vie de carême.

Dieu le voulait ainsi, car ces grandes et continuelles austérités n'exercèrent aucune influence sur le corps de François ; sa constitution suivit son développement normal, et les fraîches couleurs de la jeunesse brillèrent toujours sur son visage.

Une tradition locale affirme que ces mortifications extraordinaires furent même autorisées par des preuves plus éclatantes :

Un jour de fête, à l'heure où la grand'messe du couvent allait commencer, l'encensoir était vide ; sur l'ordre du sacristain, François court à la cuisine. N'ayant rien sous la main, il dépose la braise dans un pan de sa robe et la porte ainsi l'espace de soixante pas, sans que l'étoffe soit le moins du monde endommagée.

Dans un ravissement, il oublia une fois d'allumer le fourneau de la cuisine. L'heure du repas était près de sonner lorsque le frère cuisinier, retenu ailleurs par l'obéissance, revint à ses marmites. Naturellement rien n'était cuit. Il se fâche, va trouver son aide encore en contemplation dans la chapelle, lui frappe brusquement sur l'épaule et retourne avec lui devant le fourneau éteint. François alors, pour toute excuse, fait le signe de la croix ; le feu s'allume tout seul, et quelques minutes après les ragoûts sont cuits.

Déjà les religieux de Saint-Marc regardaient notre adolescent comme un prodige de piété ; partout ils parlaient de lui avec enthousiasme. On voulut le voir : la population allait à l'église des conventuels tout exprès pour le considérer à l'autel, servant la messe ; un grand nombre le faisaient demander au parloir dans le seul but de l'entendre parler de Dieu.

Témoin de cet entraînement universel, l'évêque de Saint-Marc fit plusieurs visites au jeune saint. Après l'avoir ainsi examiné par lui-même, il partagea l'admiration générale, et continua de le voir jusqu'à la fin de son séjour au couvent, non plus pour éprouver son esprit, mais pour respirer de plus près le parfum de la perfection évangélique.

L'année votive de François touchant à son terme, les religieux firent de vives instances pour le retenir dans leur couvent. Le Ciel demandait de lui une plus haute perfection. Il déclara donc aux bons Pères qu'il ne pouvait leur obéir et voulut se retirer.

Après quelques jours de repos dans sa famille, François pria ses parents de le conduire en pèleri-

nage à Rome et à Assise. Eux hésitèrent d'abord ;
mais il insista, et le voyage fut décidé.

Arrivé dans la ville éternelle, notre petit pèlerin
fit avec une ferveur angélique ses dévotions au
tombeau des saints apôtres. Cependant le luxe qui
s'étalait partout dans Rome l'impressionna péniblement. Lui, l'enfant des montagnes, qui envisa-
geait la religion sous sa forme la plus austère, ne
vit dans cet appareil de grandeur, déployé par les
dignitaires de l'Église eux-mêmes, qu'une infrac-
tion condamnable aux saintes lois de la morale
évangélique. Pris d'une sorte d'indignation à la
vue d'un cardinal qui se promenait en carrosse,
entouré de ses serviteurs, il s'approche du prélat
et lui crie avec une hardiesse bien au-dessus de
son âge : « Ni le Christ ni ses apôtres n'allaient
avec cette pompe ! » Le cardinal, qui était loin de
s'attendre à cette apostrophe, fait arrêter sa voiture ; il regarde le jeune homme ; mais lorsqu'il
voit son air modeste autant qu'assuré, l'émotion
qu'il a ressentie se calme, et il lui répond avec
bonté : « Mon enfant, ne vous scandalisez pas ; si
nous agissions autrement, l'autorité apostolique
serait exposée au mépris et à la raillerie des
hommes de ce siècle. »

De la cité des papes, François se rendit à Assise.
Il pria sur le tombeau de son saint patron. Il pria
et pleura dans ce sanctuaire de Sainte-Marie-des-
Anges, où le patriarche séraphique avait versé
tant de larmes et de prières pour obtenir cette
fécondité merveilleuse qui donna un grand ordre
à l'Église, et là, croyons-nous, il obtint, lui aussi,

la grâce d'être le père de sa nombreuse famille spirituelle.

En retournant dans son pays, le jeune Calabrais visita l'ermitage de Mont-Luc, où le moine Isaac et ses disciples avaient construit une laure à l'instar de celles de l'Orient. Là, dit le biographe contemporain, il observe silencieusement les vertus des solitaires, et, le désert lui apparaissant dès lors comme le lieu de son repos, il forme la résolution de se dévouer lui-même à la vie érémitique.

Cette détermination qu'il vient de prendre, il va l'affermir encore dans la visite d'une autre solitude célèbre, celle du Mont-Cassin. A genoux devant la châsse de saint Benoît, l'âme de François de Paule semble entrer en communication intime avec celle du patriarche dont il vénère les reliques. Au milieu de sa prière, un souvenir vient le frapper : il a quinze ans ; c'est l'âge où saint Benoît se retira au désert de Subiaco ; « sa jeune imagination s'exalte ; il lui tarde d'entrer dans la solitude. Déjà même il en porte les livrées : le costume des ermites de Mont-Luc, rude et sauvage comme le désert, lui avait plu ; il s'en était fait revêtir. C'est ce costume qu'il donnera lui-même plus tard à ses disciples. »

Il ne prend même pas le temps d'aller jusqu'à la maison paternelle. Martolilla avait une vigne dans les environs de Paule ; au milieu était une petite cabane qui servait d'abri durant le jour. C'est dans ce réduit que notre jeune homme dépose son bâton de pèlerin et se fait ermite. Il n'en sortira que pour aller faire ses dévotions à l'église de Paule, les dimanches et fêtes.

Quel fut son genre de vie dans ce premier essai? La part faite à la nature était fort petite : chaque jour un peu de nourriture apportée par ses parents, quelques heures de repos la nuit, c'était assez pour les besoins corporels. Encore étendait-il d'un jour à l'autre le cercle de ses privations. Le service de Dieu, la pratique des exercices ascétiques, étaient sa grande et unique pensée : « il faisait oraison ; il récitait le rosaire ; il psalmodiait le psautier ; il lisait la vie des saints ; il mortifiait ses sens. »

Il comprit bientôt que les rigueurs du désert n'étaient pas au-dessus de ses forces. Le champ paternel était d'ailleurs trop rapproché de la ville pour pouvoir convenir à un amant passionné de la solitude. « On circulait sans cesse le long des chemins qui se croisaient à l'entour, et le jeune ermite ne pouvait presque sortir sans être vu par les passants. Enfin, sa modestie commençait à s'alarmer » des visites de plus en plus fréquentes qu'il recevait.

Un matin donc, à la première aube du jour, François, portant sur l'épaule un sac où étaient ses instruments de pénitence et quelques ustensiles, se dirige vers la haute montagne qui lui cachait le rivage de la mer ; il en gravit les pentes abruptes, y cherche longtemps un réduit, et trouve enfin une grotte humide, d'un accès difficile, dont il agrandit l'ouverture trop étroite. Voilà le lieu de son repos, où Dieu et les anges seront les seuls témoins de ses actions. Il s'y installe. La pierre

froide lui tient lieu de siège le jour et de lit la nuit.
Des fruits sauvages, des herbes, des racines crues,

Abbaye du Mont-Cassin.

sont sa nourriture ; il se désaltère au ruisseau qui
baigne le pied du rocher.

« D'illustres Pères de l'Église ont écrit sur la vie

solitaire. Sous leur plume élégante et pieuse, la solitude s'embellit parfois des plus riantes couleurs : elle est un lieu de repos, un jardin émaillé de fleurs, une verte et fraîche oasis au milieu des plaines arides du monde. C'est par d'aussi gracieuses images qu'ils s'efforcent de nous peindre les joies ineffables de l'âme isolée de la créature, et en commerce familier d'amour avec son Dieu. » François de Paule dut goûter ces fruits suaves de la solitude ; mais il n'en a rien dit. Le seul mot que nous ayons de lui se rapporte aux épreuves du désert : « Croyez-moi, disait-il un jour à ses frères, le démon est animé d'une grande colère contre les serviteurs de Jésus-Christ ; c'est pourquoi, ne pouvant rien gagner sur leurs âmes, il s'en prend à leurs pauvres corps, et les fait souffrir en toutes manières. » Quels furent en ce lieu les combats de notre saint contre l'esprit mauvais? Nous ne le savons pas. Sa retraite demeura absolument inconnue pendant deux ans. Lorsqu'on la découvrit, François ne chercha point à s'éloigner. Une voix intérieure lui fit entendre qu'il se devait désormais au prochain : il devint donc apôtre.

Le concours fut bientôt considérable. Les cœurs affligés, les consciences inquiètes, les infirmes et les malades, trouvaient dans le jeune solitaire un docteur, un guide, un médecin. La première année, aucun des nombreux pèlerins qui gravirent les rampes escarpées de cette montagne bénie de tous n'eut la pensée d'y fixer son séjour. Mais, dans la suite, quelques hommes de bonne volonté se présentèrent à François pour partager son genre de vie. Il les reçut : l'ordre des Minimes était fondé.

Notre héros n'eut d'abord que trois novices. Il lui fallut néanmoins chercher une autre solitude : l'enceinte de son désert était trop étroite, et sa grotte suffisait à peine à sa personne. Il descendit au bas de la montagne, construisit un petit oratoire et quelques cellules sur le terrain que lui concéda un de ses parents, et y reprit avec ses disciples les exercices de la vie érémitique.

Nos quatre solitaires se réunissaient dans l'oratoire le matin, pour entendre la messe [1], et à d'autres heures du jour et de la nuit pour faire en commun certaines prières, des lectures, des conférences spirituelles. Il n'y avait pas d'autres assemblées. Chacun travaillait, priait, mangeait à part, sans autre règle que les maximes de l'Évangile, qu'il pratiquait dans la mesure de ses forces et selon l'attrait de la grâce.

Ainsi vécurent en ce lieu François et ses ermites l'espace de dix-sept ans, depuis 1435 jusqu'à 1452, année où commença la construction du premier couvent de l'ordre. Et que nous racontent de ces longs débuts les mémoires du temps ? Presque rien. Ce sont des pèlerins qui vont et viennent sur les sentiers de l'ermitage ; c'est une nouvelle cellule dont la construction annonce que la famille s'est accrue d'un membre. Nous ne trouvons rien de plus ; l'obscurité enveloppe le berceau des Minimes. N'en soyons pas surpris : ainsi naissent

---

[1] Un des premiers disciples de François était prêtre.

dans l'Église les grands instituts religieux, que leur fondateur s'appelle Augustin, Benoît, Dominique, François d'Assise ou Ignace de Loyola.

Toutefois, malgré l'oubli des temps, les noms des premiers religieux Minimes sont arrivés jusqu'à nous, quelques-uns dépouillés de tout souvenir historique, les autres entourés de détails biographiques qui appellent notre intérêt. Parlons des trois disciples qui s'offrirent à François encore au désert.

Le premier fut Jean le Simple, « un pauvre garçon d'un esprit grandement lourd et pesant [1], » né au bourg de Saint-Lucide, comme la mère de François. Frère Jean ne savait que deux choses : tailler la vigne et aimer Dieu. Lorsqu'il vint à François, « il fallut que celui-ci l'aidât à dire ce qu'il voulait, et devinât le reste à sa mine [2]. » Mais sous cette rude écorce que d'innocence et de candeur ! Frère Jean se laissa conduire « comme un petit mouton ». « Il ne savait prier que des lèvres : son maître le forma à la pratique de l'oraison mentale, et ce fut avec un si merveilleux succès, que, les jours ne lui suffisant plus, ce bon frère Jean y employait les nuits entières : lui qui tout à l'heure n'avait pas assez d'esprit pour exprimer une pensée ! »

Il n'en avait pas moins des saillies de naïveté fort amusantes. Un trait va le dépeindre.

Un jour, pendant la construction du couvent de

---

[1] Dony d'Attichy, 116.
[2] *Id., ibid.*

Paule, François avait invité à dîner le conducteur des travaux, Antoine Donat. Frère Jean, chargé de la cuisine, prépare un plat de fèves, les met dans un vase qu'il remplit d'eau, et les porte au foyer. Très bien jusque-là ; mais il oublie d'allumer le feu et sort. L'heure du repas approchant, le réfectorier passe à la cuisine et constate que le pot aux fèves est sur des cendres froides ! Vite il appelle frère Jean. Le pauvre cuisinier se souvient alors qu'il a omis sa prière d'habitude avant son travail ; il y voit la cause de son oubli, et le voilà qui se fâche tout haut contre lui-même : « Frère Jean le sot, qu'as-tu fait ? Te voilà bien puni. Si tu avais fait ta prière, certainement les fèves seraient cuites. » Et il allait par la cuisine, les mains croisées d'étonnement, répétant : « Frère Jean le sot ! frère Jean le sot ! » Saint François arrive, et voyant les choses : « Mon frère, dit-il, pour cette fois Dieu veut bien y remédier ; mais à l'avenir n'oubliez pas votre prière. » A l'instant il fait le signe de la croix sur le vase ; l'eau se met à bouillir, et les fèves sont cuites.

Jean le Simple fut souvent le compagnon de voyage de son bienheureux père, qui l'aimait tendrement. Il mourut en odeur de sainteté au couvent de Melazzo (1520).

Balthazar de Spino, second disciple et compatriote de François, apporta dans le trésor de son sacerdoce à la famille naissante le double aliment de la parole et de l'Eucharistie : il en fut l'aumônier. Plus tard, sur l'ordre du saint fondateur, il dut étendre au dehors l'activité de son zèle, et montra ainsi le premier que le nouvel ordre était appelé à servir l'Église par les œuvres de l'apostolat. La vie de ce prêtre distingué appartient, pour ainsi dire, à toute cette histoire. Il fut le conseiller ordinaire du patriarche, le plus intelligent de ses premiers coopérateurs, et plus tard son représentant en Italie. Le P. Balthazar mourut à Paule, « et la reconnaissance des Minimes grava sur son tombeau, dans une épitaphe simple et touchante, tous les titres qui l'ont perpétuée jusqu'à nos jours.

« Après le P. Balthazar, François de Paule reçut encore un compatriote, le P. Jean de Gênes. C'était un tout jeune homme, qui venait d'achever ses premières études. Il devint prêtre, le premier prêtre que l'ordre eut le bonheur de donner à l'Église. La pénitence fut l'attrait dominant de ce bon religieux. D'un tempérament robuste, d'une volonté plus ferme encore, » il jeûnait tous les jours, et ne prenait pour tout aliment qu'un peu de pain et d'eau sur le soir ; il faisait continuellement usage du cilice, des chaînes de fer et de la discipline ; il dormait sur des sarments étendus par terre. Encore se refusait-il très souvent la satisfaction de prendre un peu de repos sur cette couche mortifiante. « On raconte qu'il passait des nuits entières à genoux, les mains jointes, appuyé seulement sur les coudes ; il priait ainsi pour ne pas se laisser surprendre par le sommeil ; et, en vérité, il ne pouvait pas user d'un moyen plus efficace : quand le sommeil lui appesantissait les sens, les coudes cédaient, le corps s'affaissait, et la chute réveillait le bon père. Mais quelle horrible souffrance ! » Et avec un penchant si prononcé pour les macérations de la vie pénitente, « personne qui fût plus doux envers les autres que le P. Jean de Gênes. Son cœur débordait d'amour et de suavité. » L'obéissance l'envoya terminer sa carrière au couvent de Naples ; il fit bénir le nom des Minimes dans cette ville, qui garde ses restes vénérés.

II

L'année 1452 est une date mémorable dans l'histoire des Minimes. François, alors âgé de trente-six ans, avait quitté le désert pour l'ermitage depuis dix-sept ans. Sa famille religieuse avait grandi ; des tendances de plus en plus prononcées la portaient à embrasser la vie apostolique et, comme conséquence nécessaire, la vie commune. Le saint fondateur résolut donc d'échanger l'ermitage contre le couvent, et demanda au nouvel évêque de Cosenza, Pyrrho Caracciolo, seigneur temporel du territoire de Paule, la faveur de bâtir une maison sur ses terres, près de la ville. Non content d'agréer sa supplique, le prélat voulut désigner lui-même l'emplacement de la fondation et bénir la première pierre de l'édifice.

Quelques jours plus tard le Ciel intervint. Déjà les murs de la chapelle atteignaient une certaine hauteur. « Soudain, à l'heure de midi, apparaît au milieu des ouvriers un personnage en costume de frère mineur. Il se tourne vivement vers François

de Paule et lui dit : « Que faites-vous, mon frère ?
« Cette église aura des dimensions trop étroites ;
« suivez-moi. » Et voilà l'inconnu qui se met à parcourir le terrain et à tracer un emplacement beaucoup plus vaste ; après quoi il disparaît. » Sur
l'heure, François fait démolir les murs commencés,
et on reprend l'édifice sur les lignes mêmes qui
viennent d'être tracées.

Ce nouveau plan imposait un surcroît de dépense
au fondateur. Il ne s'en mit pas en peine, et n'eut
point à se repentir de ce filial abandon à la Providence. Un gentilhomme de Cosenza, Galazzo di
Tarsia, baron de Belmonte, arrive bientôt, monté
sur un cheval chargé d'argent et suivi de plusieurs
bêtes de somme ; il offre le tout pour le service de
la construction.

Ce trait de charité ouvre le récit d'un grand
nombre de secours qui furent prodigués sous
toutes les formes au fondateur du couvent de Paule :
secours en argent, en matériaux, en journées.
Spectacle vraiment extraordinaire ! Tout s'ébranle
dans la contrée pour venir en aide à François : les
populations accourent sur le lieu des travaux
comme à un pèlerinage ; chacun sollicite une tâche
à remplir ; tout le monde est à l'œuvre. Ici, ce sont
de simples artisans ; là, des hommes de haute
naissance, des fonctionnaires, des magistrats, des
ecclésiastiques même. Plus loin on rencontre des
femmes groupées pour un commun labeur, tandis
que de nobles dames, richement vêtues, trans-
portent de leurs mains délicates le bois ou la pierre.
Et quel motif attache à ces rudes travaux toute

cette foule d'âges et de rangs divers? Un motif de dévotion : en se rendant utile au saint homme, chacun est sûr de plaire à Dieu et compte obtenir quelque faveur d'en haut. Le pieux élan se propage dans tout le royaume de Naples; il passe le détroit, passe l'Adriatique, et les pèlerins accourent de la Sicile et même de la Grèce.

Quel est donc le charme qui attire ainsi les foules dans une campagne reculée? « Un nom naguère inconnu, le nom d'un pauvre ermite qui sort du désert, et qui, dans son costume vil et grossier, dans sa barbe inculte, semble en porter encore l'empreinte sauvage. Et cet homme voulait vivre ignoré! Que n'a-t-il pas fait pour conquérir l'oubli, l'oubli des hommes, de son propre pays, de sa propre famille? Eh bien! voilà que cet amant passionné de l'oubli a rencontré la célébrité. On parle de lui avec respect, avec amour; ce n'est pas assez : on veut le voir, l'entendre, recueillir une parole de sa bouche, une bénédiction de sa main. En vérité, en vérité, l'ambition humaine calcule mal. Combien qui cherchent la célébrité et ne rencontrent que l'oubli! La vraie gloire est à celui qui la fuit pour l'amour de Dieu; mais ceci est le secret des saints, c'est celui de François de Paule. »

Et que faisait le *bon père* dans cet immense concours? Il donnait l'exemple d'une ardeur infatigable; il travaillait autant que *six personnes,* dit un témoin oculaire. Mais l'avancement des travaux était sa moindre préoccupation. Un motif plus élevé, le salut des hommes, animait l'âme de cet apôtre. Il parlait avec tout le monde, passant de l'un à l'autre: personne n'était oublié. Ici c'étaient simplement quelques paroles échangées; ailleurs l'entretien devenait plus intime. Comme il inspirait une confiance sans réserve, on s'ouvrait volontiers à lui; souvent il recevait des aveux de conscience qui tenaient de la confession. Rencontrait-il une âme timide ou dissimulée, il l'amenait doucement à lui faire connaître son intérieur, pour être à même de la conseiller sagement.

Quand le travail avait duré quelques heures, il le faisait suspendre. Alors on se groupait autour de lui, et il prêchait. Le sermon fini, chacun reprenait sa tâche. Cette scène se renouvelait plusieurs fois le jour, suivant le nombre et la condition des travailleurs.

Le zèle de François produisait encore des résultats d'une autre nature. « L'apôtre ici servait merveilleusement le fondateur. Nous ne parlons pas seulement de l'édifice matériel: il s'élevait avec une grande rapidité; mais l'édifice moral, lui aussi, prenait de notables accroissements. Il ne se passait pas de jour que notre saint ne fît des conquêtes à la grâce, et plusieurs profitaient à sa famille spirituelle. Cette époque fut féconde en vocations. Une d'elles mérite d'être mentionnée.

Les habitants de Paterno, ville peu éloignée de Paule, faisaient en grand nombre leur pèlerinage au nouveau couvent. Un jeune homme simple et candide, qui avait su dans le grand monde conserver des mœurs pures et des habitudes chrétiennes, Paul de Randacio, se présente un jour avec plusieurs de ses compatriotes. François le distingue, le regarde attentivement, averti sans doute qu'il lui est envoyé de Dieu pour entrer dans son ordre. Puis, le prenant à part, il l'engage à prolonger sa visite. Il l'entretient à plusieurs reprises, lui montre que tout ici-bas est vanité, hormis servir Dieu ; que le salut est pour chacun la grande affaire. Paul écoutait et ne disait rien : un combat se livrait en lui entre la nature et la grâce. Enfin la grâce triomphe, le gentilhomme sera religieux minime.

Et quel parfait religieux ! Il exprima au vif, dit le chroniqueur [1], toutes les vertus de son bienheureux père. Lorsque celui-ci eut quitté l'Italie, Paul le remplaça dans l'estime des peuples. « Le P. François n'est plus au milieu de nous, disait-on, mais le P. Paul nous reste : Dieu soit béni ! »

Après avoir assisté au premier chapitre de l'ordre, il alla mourir en odeur de sainteté à Paterno. « Après cent vingt ans de sépulture, son corps fut trouvé intact et sans corruption. Ce fait en dit assez pour sa gloire. »

Le jeune patriarche eut la joie de recevoir un autre disciple bien cher à son cœur. Vienna, sa bonne mère, était morte. Elle avait eu la consolation de rendre le dernier soupir entre les bras de son fils, et lorsque déjà les desseins de Dieu sur lui avaient commencé de se manifester avec éclat. Dès que l'église du couvent fut achevée, François y fit transporter son corps et l'ensevelit religieusement de ses propres mains sous le maître-autel.

[1] Franc. Lan., 150.

Martolilla, désormais libre, vint se mettre sous la direction spirituelle de son fils, dans l'humble rang des frères convers. Son grand attrait fut pour la pénitence. « On raconte qu'il se livrait, sous les yeux du public, à des austérités qui passeraient aujourd'hui pour des extravagances, mais dont s'édifiait la foi simple de ce temps. Il allait presque tous les jours du couvent à Paule pour visiter les églises de la ville. Or, en faisant ce pèlerinage, il parcourait les rues, armé de chaînes de fer dont il se flagellait jusqu'au sang [1]. »

Frère Martolilla vécut jusqu'à une extrême vieillesse. Après sa mort, ses restes mortels furent déposés sous la tombe qui couvrait ceux de sa chère Vienna.

Pour bâtir son couvent, François fit plus de miracles qu'il n'employa de pierres et de pièces de bois. La remarque est d'un judicieux écrivain, le P. Giry. Oui, cette petite plaine de Paule fut vraiment alors *la terre des merveilles*. Notre saint la parcourait en tous sens, et les prodiges naissaient sous ses pas, « comme les fleurs de la prairie sous la chaude haleine du printemps. Là, rien ne résiste à la puissance du thaumaturge. La nature n'a point de lois, les éléments n'ont point d'énergie, les

---

[1] La flagellation publique n'était pas alors une pratique de pénitence bien extraordinaire. Il y avait en Italie, et même en France et en Allemagne, des associations religieuses dont un exercice commun était de se flageller publiquement à certains jours déterminés. Ces *confréries de la pénitence*, qu'on ne doit pas confondre avec la secte des *flagellants*, étaient très répandues au XVe et au XVIe siècle.

maladies et les infirmités point de violences ni d'étreintes, qui ne cèdent au moindre signe de sa volonté. En sa présence, la flamme brille et ne brûle pas, les vents retiennent leur impétuosité, les orages se dissipent, les corps perdent leur pesanteur, la matière inerte s'anime, la sève des arbres s'arrête ou se met en mouvement, les plantes manifestent des vertus mystérieuses, que la nature ne leur connaissait point. »

Les détails surabondent. En voici quelques-uns :

Sous la main de François, les plus pesants fardeaux deviennent légers. Sur la ligne des fondations, la pioche a découvert et mis à nu un gros bloc de rocher. Vainement plusieurs hommes réunissent leurs efforts pour le remuer : la masse reste immobile. « François arrive : il saisit le rocher de ses deux mains, le soulève sans fatigue et le porte hors de l'enceinte du couvent. » Il traîne seul de grosses poutres que six ouvriers robustes avaient inutilement tenté de mouvoir. Un arbre énorme gisait abattu dans la forêt ; plusieurs paires de bœufs le traînent à grand'peine. François paraît : il touche l'arbre, et un seul attelage le conduit facilement à l'endroit qu'il devait occuper. Un autre objet, que douze hommes ne peuvent soulever, subit le contact de la main du thaumaturge, et voici qu'un seul ouvrier le charge sur son épaule et le porte sans effort.

On raconte des faits plus étranges. « Ce sont des fossés creusés, des inégalités de terrain aplanies, des solives équarries, des arbres encore sur pied redressés ou fendus, et cela non plus au contact, mais à la simple parole du thaumaturge. Voici un trait plus frappant encore : de gros arbres, abattus dans la forêt, avaient été laissés sur place ; tout à coup on les trouve sur le lieu même où ils devaient être employés. Qui les y avait transportés ? On le demande au bon Père, et il répond : *La grâce et l'aide de Dieu.* »

Non seulement François rend légers les plus lourds fardeaux, mais il les confie aux infirmes et aux malades, et ceux-ci en les portant retrouvent la vigueur et la santé. On présente des aveugles au serviteur de Dieu : il prend un peu de poussière, l'applique sur les yeux éteints, et ils s'ouvrent à la lumière. Pour guérir des ulcères invétérés, quelques herbes cueillies au hasard lui suffisent ; parfois même les plaies se ferment sans aucune médication.

Un jour on portait à François un bienfaiteur du couvent atteint de maladie mortelle. L'homme de Dieu, averti d'en haut, le guérit à la distance de plusieurs milles.

Dans l'après-midi d'une brûlante journée, notre saint, revenant de la prière, avait franchi le ruisseau qui coule au bas de la côte, et remontait vers l'enceinte du couvent, appuyé sur son bâton. Parvenu à une certaine hauteur, il rencontre un groupe d'ouvriers : « Père, lui dit l'un deux, nous avons soif et nous n'avons pas d'eau ; il nous est trop pénible de descendre là-bas au ruisseau. Vous qui faites tant de belles choses, ajoute-t-il en accentuant ses paroles, ne pourriez-vous pas faire monter l'eau jusqu'ici ? » Il y avait dans cette apostrophe un peu de mauvaise humeur. François l'a remarqué : « Oui, mon frère, répondit-il, avec l'aide de Dieu nous trouverons ici de l'eau. » Il frappe le rocher avec son bâton, et l'eau jaillit. La source coule encore. On l'a étudiée avec le plus grand soin : le mystère de son origine s'est dérobé à toutes les recherches. Avec le temps elle s'est creusé dans le roc un bassin qui est toujours rempli.

Les pierres qui devaient fournir la chaux pour la construction du couvent cuisaient dans un four de construction défectueuse. Sous la violence des flammes, les parois se fendirent. « On avertit le saint ; il arrive, il reconnaît le danger et prend à l'instant même sa détermination. Cette matière, pense-t-il, ne peut pas être perdue, puisqu'elle doit servir à l'œuvre de Dieu. Il attend l'heure du repas. Lorsqu'il est seul avec le gardien du four, il se prosterne, fait une prière, les bras tendus vers le ciel ; il se lève ensuite, prend un peu d'argile, bénit le feu et s'avance d'un pas ferme vers la fournaise. Il y entre, la parcourant en tous sens pour réparer les dégâts causés par la flamme ; après quoi il sort. Il sort, à la vue du gardien immobile d'admiration, le corps et les vêtements intacts.

Ce miracle acquit une grande célébrité. Tous les biographes du patriarche le célèbrent à l'envi ; les artistes l'ont mille fois reproduit, et une chapelle, construite sur le lieu même où la fournaise avait existé, en perpétue le souvenir. A côté du monument « on a creusé une carrière d'où l'on extrait de la terre argileuse, de cette même terre qui servit à réparer la fournaise; et cette argile, transformée en vases de toutes formes, passe des mains du potier dans celles des pèlerins, et manifeste souvent, par des guérisons miraculeuses, la vertu surnaturelle que lui a imprimée le contact du thaumaturge ».

Mais voici le prodige des prodiges. C'était le jour où l'on posait la charpente de l'église conventuelle. « Un des travailleurs volontaires dont nous avons parlé se trouvait sous un échafaudage, lorsqu'une grosse poutre échappe des mains des ouvriers, tombe sur lui et l'écrase sous son poids. » Étendu par terre, le crâne ouvert, il ne donne plus signe de vie. Au bruit de l'accident, François accourt comme tout le monde : on lui demande un miracle. Intérieurement ému de compassion, l'homme de Dieu calme les ouvriers par de bonnes paroles, puis il leur ordonne de se retirer. Il s'éloigne lui-même, « comme emporté par un tourbillon, » dit le biographe contemporain. Le thaumaturge allait prier à l'écart. On le suit des yeux, et l'on attend en silence. Bientôt il reparaît, se couche sur le cadavre et demeure un moment en cet état; puis il applique sur les plaies quelques herbes cueillies au hasard. A l'instant même les plaies se ferment, le corps se ranime, le mort ouvre les yeux et étend les bras : il est plein de vie.

Un second miracle du premier ordre fut accompli après la construction du couvent.

« François avait à Paule, dans sa famille, un

jeune cousin nommé Nicolas. Il l'aimait tendrement et le voulait dans son ordre. Nicolas y consentait, mais sa mère faisait à ce dessein une opposition invincible. Le jeune homme arrive à sa dix-huitième année ; il tombe malade, et bientôt on craint pour ses jours. » Désolée, la mère accourt auprès de François. « Retirez-vous, lui dit-il avec sévérité, je ne puis rien ; vous avez provoqué la colère de Dieu. » Nicolas meurt. Pour consoler la pauvre mère, François permet que les obsèques se fassent dans son église conventuelle. C'était le soir. « Après le chant de l'office funèbre, les religieux se retirent. Resté seul à l'église, François prend le cadavre et le porte à sa cellule. Ce qui se passa dans cette cellule pendant la nuit, Dieu seul le sait. Le lendemain matin, le saint homme fait appeler la mère et lui dit : « Votre fils est mort ; si vous le « retrouviez vivant, consentiriez-vous qu'il se fît « religieux ? — Oh ! plût à Dieu ! répond-elle. — « Eh bien, dit François, attendez ici. » Il retourne à sa cellule ; il en revient ensuite, conduisant par la main le jeune Nicolas, vêtu de l'habit religieux ; il entre ainsi à l'église, où les frères étaient réunis, et le présente à sa mère. »

Ce n'est pas tout : François lui-même est un miracle vivant. Il ne quitte ni le jour ni la nuit son habit lourd et grossier, qu'il imprègne pendant le travail d'une sueur abondante, « et cet habit exhale une odeur agréable comme le parfum des fleurs ; il pratique un jeûne rigoureux, » des austérités effrayantes, « et son visage brille des plus fraîches couleurs de la jeunesse et de la santé... ; il manie continuellement le bois, la pierre, le fer, de rudes outils, et, à voir ses mains blanches et délicates, on dirait qu'elles ne touchent jamais que les livres et la plume; » il ne porte point de chaussures, et, malgré la fange qui remplit les chemins et les ronces qui couvrent le sol de la forêt, ses pieds restent propres, intacts. François n'est-il donc pas comme les autres un enfant d'Adam pécheur, pour jouir ainsi des privilèges d'Adam innocent au milieu du paradis terrestre? Les traits suivants seraient bien pour nous le faire accroire.

Le saint « allait un jour à la montagne avec quelques ouvriers pour couper du bois. Comme il était dans la forêt, voici venir à lui une biche fuyant les chiens et les chasseurs. Le pauvre animal avait reconnu l'ami du bon Dieu et de ses petites créatures; il venait lui demander aide et protection. La biche se couche, haletante, aux pieds du bon saint. Les ouvriers, plus riches d'appétit que de provisions, se réjouissent de cette bonne fortune, dans l'espoir d'un excellent repas. Mais d'un mot François les fait taire; il caresse quelque temps la biche », lui entaille l'oreille pour pouvoir la reconnaître dans la suite, « et après, la bénissant, il lui dit de s'en aller en liberté; elle part comme un trait. » A quelque temps de là, cette pauvre biche, encore poursuivie, « courut droit au couvent, franchit d'un bond le mur d'enceinte et entra dans la maison. François était là : elle le reconnaît et témoigne par ses joyeuses gambades le plaisir qu'elle a de le revoir. Elle ne voulut plus de sa liberté; elle s'attacha à son bienfaiteur, et le suivait comme un petit chien. »

Nous connaissons la fontaine miraculeuse du couvent de Paule. On avait jeté dans son bassin une belle truite. L'homme de Dieu l'appelait *Antonella*. Il lui portait tous les jours quelques morceaux de pain, et Antonella, s'approchant du bord, venait les prendre dans sa main. Or un jour « elle fit la gourmande », selon l'expression du bon père, et devint victime de sa gourmandise. Un étranger, passant près du bassin, offrit du pain à Antonella, dont il connaissait probablement les habitudes; et, dans une intention facile à comprendre, il la saisit et la coupa en deux morceaux, qu'il cacha sous son vêtement. » Mais on s'aperçut du larcin, et il fallut rendre le poisson. Quelqu'un porta les morceaux à François. « Ah! ma pauvre Antonella, dit-il en la voyant, comme on t'a maltraitée! Mais aussi pourquoi avoir été si gourmande? J'espère, continua-t-il en se dirigeant vers la fontaine, que tu seras plus avisée à l'avenir. Par charité, ma sœur Antonella, reviens à la vie! » Et il jeta les morceaux dans le bassin. A l'instant ils se rejoignent; la truite, pleine de vie, sillonne l'eau en tous sens, et, par ses tours et ses bonds, semble témoigner à son bienfaiteur sa reconnaissance.

Le couvent de Paule n'était pas achevé, que des demandes arrivaient à François pour des fondations nouvelles. On sollicitait sa présence et celle de ses frères comme une bénédiction du Ciel : des seigneurs, de riches particuliers, des fonctionnaires publics, des municipalités entières, lui offraient comme à l'envi les établissements les plus avantageux.

Ce fut à Paterno, sur le golfe de Tarente, qu'il envoya d'abord une colonie. La première fois que le bienheureux parut dans cette ville, la population le reçut en triomphe. A son approche, elle accourt au-devant de lui avec le corps de magistrats; elle l'entoure, elle l'accompagne jusqu'à la grande église. Et quel enthousiasme pendant ce trajet! quels élans de dévotion joyeuse! L'air retentit de vivats en l'honneur de François; on se recommande à ses prières; on se dispute l'avantage de toucher, de baiser ses vêtements; on recueille pieusement la poussière que ses pas ont foulée... Cependant à ce concert d'hommages se mêle tout à coup une note discordante. « Imposteur! magicien! » crie quelqu'un du milieu de la foule. On s'éloigne de l'insolent; l'homme de Dieu l'aperçoit, se dirige vers lui et le regarde avec bonté. « Magicien! lui dit-il, oh! non, mon frère, je ne suis pas un magicien, mais un petit serviteur du béni Sauveur Jésus-Christ. » A cette parole, à ce regard si doux, le coupable, interdit et tremblant, se jette aux pieds du saint et implore son pardon. Il lui offre même un lopin de terre pour sa nouvelle fondation.

La ville de Paterno était alors formée de cinq gros bourgs détachés les uns des autres. Vers le milieu de la place se trouvaient une chapelle et quelques cellules occupées jadis par une *confrérie de la discipline*. L'autorité municipale y installa le bon père avec ses religieux, et mit à leur disposition une assez vaste enceinte autour du bâtiment.

Les disciples de François s'y livrèrent dès l'abord aux saintes pratiques de la vie commune. « Lorsqu'ils célébraient leurs offices dans la petite église, on s'y rendait en foule pour prier avec eux; on s'édifiait de leurs exemples, et la reconnaissance publique se traduisait par de larges aumônes. Toutefois ce n'était là pour eux qu'une situation provisoire. Elle dura peu, le fondateur se vit bientôt en mesure de construire un couvent. » Et encore plus qu'à Paule, ce fut le *couvent des miracles*. François n'y guérit-il pas en un seul jour deux cents malades? Un témoin l'affirme dans le procès de canonisation, et il ajoute : « Je les ai comptés. »

Tous les matins, malades et infirmes arrivaient par groupes nombreux; ils se rangeaient en cercle autour du thaumaturge pour recevoir ses ordres, et après leur journée de travail ils s'en retournaient guéris. Bien plus : quelqu'un n'était-il pas en état de se faire transporter sur le terrain de la construction, il suffisait, pour sa guérison, d'y être représenté par un membre de sa famille. Le miracle, ici comme à Paule, était le salaire accordé au travail, « et le thaumaturge agissait pour le compte du fondateur. »

L'emplacement choisi présentait un sol inégal. L'aplanir à force de bras eût été long et coûteux. François fait une prière; puis, à sa parole, les parties saillantes du terrain s'ébranlent, s'abaissent et s'effacent, comme les vagues de la mer après un coup de vent.

Ce miracle fut un signal. Les populations accoururent, et l'archevêque de Cosenza bénit, au milieu d'une foule immense, la première pierre du couvent de Paterno.

Les travailleurs volontaires étaient si nombreux, que les matériaux et les provisions de bouche s'épuisaient vite. Chaque soir, le bienheureux « faisait une revue générale de toutes choses; il remarquait ce qui pourrait manquer le lendemain, et le lendemain l'abondance était revenue. Que s'était-il passé durant la nuit? Son ombre avait couvert le mystère. On interrogeait le saint homme; il se contentait de répondre : « Rendons grâces à « notre béni Sauveur. » Souvent aussi le mystère éclatait au grand jour. » Citons quelques traits.

Une fois, le sable et la pierre allaient manquer. François conduit des ouvriers « sur un terrain vague situé à quelque distance; il frappe le sol avec son bâton et dit aux travailleurs : « Ici vous trouverez du sable. » Quelques pas plus loin, il frappe de nouveau. « Ici, ajoute-t-il, vous trouverez de la pierre. » On creusa : l'homme de Dieu avait dit vrai. »

Une poutre manquait à la charpente. Il va la demander au propriétaire d'une châtaigneraie. Celui-ci étant absent, son épouse désigne un arbre que les ouvriers abattent sans retard. De retour à la maison, le propriétaire se fâche; mais François le dédommage et le désarme par un prodige. En sa présence il enfouit dans le sol sept châtaignes, et sur l'heure apparaissent sept beaux plants de châtaigniers, dont les fruits serviront à guérir une infinité de malades.

L'avenue du couvent coupait en deux parts égales un champ possédé en commun par deux frères. Lorsqu'ils voulurent se le partager, l'un et l'autre réclamaient la moitié où se trouvait un arbre magnifique. François va les mettre d'accord : d'un simple coup de bâton il divise l'arbre en deux morceaux qui tombent avec fracas, l'un sur place, et l'autre du côté opposé de l'avenue. « Voyez, dit-il aux deux contestants, voyez comme notre doux Sauveur aime la paix ! »

Vers la même époque, une jeune femme de Cosenza, riche et distinguée, devenant mère pour la première fois, mettait au monde un être dont le visage était privé d'organes. Comme il n'y avait aucun remède humain pour une telle difformité, les malheureux parents eurent la bonne pensée de recourir au thaumaturge de la Calabre. Un serviteur, nommé Marc, se chargea de cette mission et s'adjoignit un cultivateur nommé Arbio. Ils arrivent ensemble au couvent de Paterno. François sortait de sa cellule. « Que voulez-vous ? » leur dit-il. Marc lui montre le pauvre enfant. Ému de compassion, et donnant alors à sa voix une douceur extrême, l'homme de Dieu dit au serviteur : « Ayez confiance, mon frère ; Dieu, pour la gloire de son nom, va tout à l'heure consoler la pauvre mère ; mettons-nous à genoux et prions ensemble. » Ils s'agenouillent. Le thaumaturge fait à haute voix cette prière inspirée : « Mon Dieu,

Créateur tout-puissant, quoique votre souveraine puissance et votre douce providence reluisent infiniment dans toutes les choses créées, c'est en l'homme principalement qu'elles paraissent d'une manière plus éclatante. Vous l'avez formé pour en faire l'objet de votre amour, traçant sur lui avec le pinceau de votre sagesse une image de vous-même. Je vous prie de donner en cette heure à ma faible main quelque chose de votre toute-puissante vertu, afin que je corrige les défauts de cette petite créature. » Ayant ainsi parlé, « il se lève, étend la main sur le visage difforme, et, se servant de ses doigts comme d'un compas, il trace le contour de la face humaine; il dessine avec sa salive les yeux, le nez, la bouche, » en disant : « Par le très doux nom de Jésus, je vous ordonne de vous former. » Et voilà, ô prodige! que tous ces organes apparaissent; un rayon de vie vient en même temps illuminer cette face tout à l'heure terne et informe.

L'enfant, reporté à Cosenza, fut baptisé dans l'église métropole, au milieu d'un immense concours, et il reçut le nom de François.

Les poésies du temps, qui célébrèrent ce miracle, disaient du thaumaturge dessinant la face humaine :

Sputo è'l color, e son pennel le dita [1].

Jetons maintenant un regard sur l'intérieur de cet homme admirable.

Occupé durant tout le jour, il ne pouvait guère

---

[1] Sa salive lui tient lieu de couleur, et son doigt de pinceau.

disposer à son gré que des heures de la nuit. Il les consacrait presque toutes à la prière et à la contemplation, dans une solitude voisine du couvent. Lorsque ses disciples eurent découvert sa retraite, ils purent se donner à loisir le spectacle de ses entretiens avec Dieu.

François, abrité par une cabane de branches d'arbres, priait à genoux devant une croix rustique. Sa prière était tour à tour le repos, l'immobilité de l'extase, les soupirs, les transports, les saintes impatiences de l'amour. Voici quelques-unes des paroles qui tombaient alors de ses lèvres ardentes :

« Mon Jésus crucifié, vous serez toujours devant mes yeux. Souffrir, souffrir pour vous!... Oh! que ne-puis-je être battu par les mains des infidèles, répandre mon sang par mille blessures, et livrer ma tête au tranchant du glaive! Alors je pourrais me flatter de suivre vos traces... Mais vous me refusez ce martyre. Eh bien, vous avez beau faire, vous ne m'empêcherez pas d'être martyr de la pénitence. Oui, je ferai bien que le soleil à son midi dessèche ma chair de ses ardeurs; je ferai que le froid la déchire de ses pointes les plus aiguës, je ferai que la faim dévore mes entrailles... Non, non, mon Dieu, vous ne pouvez me refuser ce martyre... »

Après ces élans d'amour, parfois même après un mot, une phrase inachevée, le saint, entouré souvent de lumière et élevé au-dessus du sol, entrait en contemplation, et le silence recommençait pour des heures entières.

Avec de tels exemples, les disciples de François pouvaient-ils ne pas devenir des saints? L'un d'eux cependant, à cette époque, rentra dans le monde et mourut d'un coup de foudre.

Mais la couronne qu'il avait laissé tomber de sa tête ne resta pas longtemps à terre. Un jeune libertin, Jean de la Rocca, allait à ses plaisirs par le chemin du couvent. Le frère portier parvient à l'attirer dans une cellule, dont il ferme sur lui la porte à clef. Le jeune homme veut sortir; il frappe, il appelle; ses cris redoublent, il se fâche : personne ne vient. De longues heures se passent, et enfin, cédant à la fatigue, le prisonnier s'endort. François entre alors dans sa cellule, l'éveille et lui dit ces seuls mots : « Eh! mon ami, tuez donc ce serpent qui vous dévore le sein! » A l'instant le cœur du coupable est changé : il fond en larmes et demande l'habit de religion, qu'il portera saintement jusqu'à une extrême vieillesse.

Si le thaumaturge de la Calabre n'avait opéré que ces miracles de la grâce qui ramènent les pécheurs à la justice, les médecins l'auraient certainement laissé en paix. Mais ce guérisseur d'un nouveau genre accueillait tous les malades, tous les infirmes, et leur rendait la santé. La clientèle des docteurs baissait singulièrement : ils s'en émurent.

Il y avait encore d'autres mécontents. Le peuple ne parlait que du *bon père,* du *saint père;* ces noms étaient dans toutes les bouches : les oreilles de quelques religieux s'en fatiguaient. Au lieu de s'unir simplement au concert unanime des fidèles, ces esprits étroits le troublaient par de téméraires murmures. Que de choses à reprendre dans ce frère François : ses entreprises, son genre de vie, sa prédication usurpatoire, et, par-dessus tout, ses étranges miracles !

Un mot d'ordre fut adopté : *L'ermite de Paule abuse le peuple.* « Ce mot, moines et médecins le répétèrent en chœur, ceux-ci en particulier, ceux-là en pulic. »

François savait tout et laissait dire, n'attendant que de la Providence l'occasion de se justifier. Elle se présenta bientôt.

Un prédicateur en vogue, Antoine Scozzetto, cordelier, fit un jour du haut de la chaire, à Paterno, une sortie contre le fondateur des Minimes. L'auditoire, indigné, renvoya l'orateur au saint qu'il censurait sans le connaître, et le défi fut accepté. Par un froid rigoureux, le P. Antoine se présente au couvent, aborde le *frère* François, et répète en sa présence les accusations qu'il a déjà formulées contre lui.

Le thaumaturge écoute sans mot dire ; à la fin il se lève, se penche vers un brasier, y plonge la main et la remplit de charbons ardents, qu'il présente à son censeur en lui disant : « Frère, vous avez froid, chauffez-vous ; il faut que la volonté de Dieu s'accomplisse ! » Immobile de stupeur, Scozzetto regarde cette main que le feu respecte ; il tombe aux genoux de François et lui demande pardon. Il sera désormais un ardent panégyriste du saint.

Avant l'année 1460, le nouvel institut avait déjà posé les bases de trois nouvelles fondations : l'une à Spezzano, l'autre à Cotrona, et la troisième à Corigliano. Leur histoire ressemble à celle des précédentes : partout mêmes manifestations surnaturelles de la part du fondateur, partout mêmes élans de dévotion de la part des peuples. A Spezzano, François fit la conquête du jeune Bernardin de Cropulato, appartenant à la noble famille des Baroncelli. Cette conversion rappelait celle de Jean de la Rocca : mêmes circonstances, mêmes moyens, même succès. Cependant la victoire ne fut pas d'abord définitive ; les deux frères du novice allèrent le chercher au couvent de Paule, et, à la première entrevue, il se laissa gagner. Quinze jours plus tard il revint, demandant à genoux et avec larmes son habit de religion. « Mon petit frère, lui répondit François, j'ai des lettres importantes à faire porter à Naples ; vous ferez, s'il vous plaît, ce voyage. » Bernardin obéit ; mais le jour même où il rentrait à Paule, ses frères l'y rejoignirent, et il céda encore à leurs instances. François, le voyant partir, lui dit en souriant : « Allez, mon fils, on aura beau faire, vous serez des nôtres. »

Il en fut ainsi. Échappé une seconde fois de la maison paternelle, Bernardin rentra au couvent et ne le quitta plus. Dans la suite, le saint patriarche en fit son confesseur, et le nomma en mourant vicaire général de l'ordre.

Le bienheureux ne pouvait plus par lui-même suffire à tout ; il confia la fondation de Cotrona au P. Paul de Paterno, et alla surveiller celle de Corigliano. Le jour où fut posée la première pierre, en terminant son discours d'usage, il fit à son auditoire cette singulière demande : « Mes frères, les insectes ont-ils déjà ravagé vos champs, vos vignes et vos oliviers? le Turc a-t-il jamais envahi votre pays? — Non, répond l'assistance. — Eh bien, reprit-il, sachez que ces fléaux tomberont sur vous le jour où cette pierre manquera aux fondements de cette maison. » Il prend la pierre et la jette dans les fondations.

Or, cent trente-six ans plus tard, l'église des Minimes de Corigliano fut interdite. Dès que la sentence épiscopale eut reçu son exécution, une nuée d'insectes s'abattit sur les champs. On se souvint de la prédiction du patriarche; l'église fut rouverte, et le fléau disparut.

A quelque temps de là, vingt-cinq galères turques traversaient l'Adriatique, et des bandes armées, avides de pillage et de sang, donnaient plusieurs fois l'assaut à la petite ville. Elle invoqua François de Paule, et en obtint sa préservation. Le père des Minimes se devait particulièrement à la maison que ses religieux possédaient à la campagne. Cernée à l'improviste, la communauté avait eu à peine le temps de fuir. Un pauvre frère infirme restait seul dans le couvent; il invoque saint François. Le bienheureux lui apparaît, l'encourage, se dirige vers la porte extérieure et l'étaye avec un bâton. « Les infidèles cherchent à la briser; mais elle leur résiste, et ils s'éloignent. Ce que Dieu garde est bien gardé. »

En Sicile, on connaissait François de réputation, et on voulait le voir. Mais nulle part ce désir n'était aussi vif qu'à Melazzo [1]. Deux religieux de l'institut, au retour d'une visite à cette ville, qui était leur berceau, apportèrent au patriarche les vœux ardents de leurs concitoyens. Le fondateur résista d'abord; mais l'autorité locale fit d'autres instances, et il se rendit (1464).

A cette nouvelle tout Spezzano, où il se trouvait à ce moment, fut dans la désolation. Cette ville souffrait d'une affreuse disette, et François s'était fait le pourvoyeur universel des pauvres. Où donc trouvait-il les aliments nécessaires pour toutes ces charités? *Dans le grenier de ses contemplations,* répond un ancien biographe. Un pain de quelques livres grossissait dans ses mains au point de suffire à cinquante, à cent faméliques; « et même, lorsqu'il n'avait plus de pain, *il faisait,* en levant les yeux au ciel, *un signe aux anges, et ils lui en apportaient.* C'était l'expression du peuple de Spezzano. Et rien n'explique mieux que cette parole les regrets unanimes qui suivirent à son départ le charitable père des pauvres. »

De Spezzano il alla à Paule, puis à Paterno, où il prit deux compagnons de voyage, le P. Paul de Randace et le frère Jean de Saint-Lucide, — la prudence et la simplicité, — et il partit avec eux pour le détroit de Messine. Nos voyageurs allaient à pied, un bâton à la main, sans argent ni provisions. Au passage de Barello, ils rencontrèrent un groupe d'affamés. Le bienheureux leur demanda

---

[1] La célèbre *Milæ* des anciens, fameuse par les batailles navales qu'elle avait vu livrer dans sa baie.

du pain : « Nous n'en avons point, » répondirent-ils ; et ils disaient vrai. Cependant la besace de l'un d'entre eux fut ouverte par François : ô miracle ! elle contenait un pain encore tout chaud, comme s'il sortait du four ; on ne pouvait se lasser de le regarder, de le toucher. Une fois la curiosité satisfaite, l'homme de Dieu le bénit, le coupa en morceaux, et tous les voyageurs en mangèrent. Mais, chose étonnante ! les chanteaux se multipliaient sous la main du thaumaturge, et toute la troupe s'en nourrit trois jours durant.

Lorsque les religieux arrivèrent au port de la Catona, une barque chargée de planches allait partir. François aborde le patron, nommé Colosa, et lui demande le passage pour l'amour de Dieu. « Moine, payez-moi, répond brusquement le marin. — Mon frère, nous n'avons pas de monnaie. — Alors je n'ai pas de barque pour vous porter. — Que ferons-nous, mes frères ? » dit le saint ; puis, se recueillant, il ajoute : « Attendez ici ; » et il s'éloigne un peu. On le voit s'agenouiller et lever les yeux en haut. Après une courte prière il se relève, se tourne vers la mer, et la bénit d'un grand signe de croix. Il prend son manteau, l'étend sur les eaux, et y pose résolument le pied ; il s'y tient debout ! Le visage tourné vers Messine, se servant de son bâton pour gouvernail, le voilà qui s'avance rapidement vers la côte sicilienne. Un cri retentit au port : « Miracle ! miracle ! » Tous les bras se tendent vers lui. Les deux frères, penchés sur le rivage, voudraient le suivre ; ils l'appellent, mais en vain, le flot docile le pousse devant eux.

Colosa les prend précipitamment dans sa barque, et fait force de voiles vers Messine. Mais déjà le thaumaturge a touché la rive opposée; pour se soustraire aux hommages, il prend terre sur un point isolé, à quelque distance du port. Les deux frères vont l'y rejoindre en toute hâte. Colosa accourt, lui aussi, avec les autres témoins du prodige, et il implore de l'homme de Dieu un pardon qu'il obtient sans peine.

En suivant le chemin qui conduisait à Melazzo, François vit le cadavre d'un criminel encore suspendu à la potence. Ému de compassion, il s'approche, fait couper la corde et rend la vie au supplicié, qui deviendra un excellent religieux minime.

Les habitants de Melazzo, magistrats en tête, accueillirent le serviteur de Dieu avec enthousiasme. Un emplacement fut choisi hors des murs de la ville, et la construction du couvent commença tout de suite. Là, comme en Calabre, nous n'en doutons point, les faits miraculeux abondèrent; car un ancien auteur, faisant allusion au séjour de François en Sicile, a écrit ces mots : « Le thaumaturge du dehors fut plus admirable encore que celui du dedans. » Nous ne citerons qu'un trait. Le saint fondateur avait fait creuser un puits dans l'enceinte du couvent; n'ayant obtenu que de l'eau salée, il la changea en eau douce, et prédit qu'elle reprendrait sa première saveur le jour où l'on aurait construit une citerne. Quarante ans plus tard la citerne fut construite, et à ce moment l'eau du puits redevint salée.

Le bienheureux demeura trois années en Sicile, au milieu d'un peuple que les passions schismatiques troublaient profondément. La parole et les œuvres du saint y exercèrent une salutaire influence : il allait, thaumaturge et apôtre de l'unité, prêchant et faisant des miracles, affermissant la foi et ranimant la piété dans les âmes chancelantes ou attiédies, et préparant ainsi les voies à ceux de ses frères qui devaient bientôt continuer son apostolat.

L'institut des Minimes avait bien reçu la consécration du Ciel, car tant de merveilles autour de son berceau étaient comme l'empreinte du doigt de Dieu sur lui. Mais il est en ce monde une bénédiction que rien ne remplace, qui seule donne aux œuvres, quelque divinement autorisées qu'elles paraissent, la vie et la fécondité : c'est la bénédiction de l'Église. Le patriarche la désirait depuis longtemps. Deux grâces extraordinaires lui firent bientôt comprendre que l'heure était venue de la solliciter.

Le bon père et ses disciples dressaient un autel dans l'église du couvent de Paule. A l'heure du repas, les frères sortent; François reste seul et se met à prier. Le repas fini, les religieux, revenant à l'église, ouvrent la porte, regardent et demeurent immobiles sur le seuil : François est en extase! Une force invisible le tient élevé de plusieurs pieds au-dessus du sol, une clarté céleste l'environne; trois couronnes de lumière, disposées en forme de tiare, surmontent sa tête! Ravis d'admiration, les frères contemplent à loisir ce spectacle merveilleux.

« A quelque temps de là François eut une vision. Un ange lui apparut, tenant dans les mains un écusson ; c'était un *Charitas* couché en lettres d'or sur champ d'azur. L'envoyé céleste lui présenta ce mystérieux symbole et lui enjoignit, au nom de Dieu, de le prendre pour blason de son ordre. »

Cette tête vénérable du saint patriarche ornée d'un triple diadème de lumière, ses mains pures munies d'un blason divin, qu'est-ce autre chose que la Toute-Puissance lui déléguant son autorité, pour qu'il devienne « le père de famille religieuse destinée à occuper un rang dans l'Église, à y remplir une mission propre, et à mériter, elle aussi, la triple auréole de la virginité, de l'apostolat et du martyre » ?

Les Minimes avaient un protecteur dévoué dans la personne de l'archevêque de Cosenza. Il se fit leur médiateur auprès du saint-siège, et sa supplique à Paul II fut accueillie avec un bienveillant intérêt (1468). Le pape, voulant s'assurer par un moyen direct du véritable état de choses, envoya un de ses camériers au château de Saint-Lucide, où résidait l'archevêque. On devine quel fut le sujet des entretiens du prélat avec le délégué apostolique. La vie du serviteur de Dieu, ses œuvres admirables, furent racontées dans tous leurs détails, et racontées par un ami du nouvel institut. Mais il n'était pas besoin qu'on recourût aux artifices de la parole pour faire ressortir le vrai caractère de l'inspiration qui animait François dans sa demande. L'archevêque l'avait compris, et insista auprès du camérier pontifical pour obtenir qu'il se rendît à

Paule, où résidait le serviteur de Dieu. Un jour donc, de grand matin, le délégué apostolique prend avec lui le chanoine de Cosenza, et ils arrivent au couvent à l'heure de la messe. « Ils entrent à l'église; le regard du camérier s'arrête sur un frère agenouillé devant l'autel, dans l'attitude d'une profonde adoration. La vue de ce frère l'émeut; c'est François, se dit-il en lui-même. La messe terminée, il s'informe : c'était François. Il s'approche du saint, et lui prend doucement la main pour la baiser. » L'homme de Dieu la retire vivement : « Par charité, monseigneur, lui dit-il, c'est à moi de baiser vos mains, *des mains consacrées depuis trente-quatre ans.* » Cette révélation, aussi vraie qu'inattendue, émeut profondément le camérier. François conduit les visiteurs dans une cellule chauffée par un brasier. L'envoyé pontifical prend la parole et fait observer au patriarche que son genre de vie si austère étonne avec raison les personnes les plus sages de ce temps; elles le regardent comme impossible à suivre. « Cette remarque affecte péniblement le thaumaturge; sans répondre, il s'incline vers le brasier, en tire des charbons ardents, et, les tenant serrés dans ses mains : « Par charité, monseigneur, répond-il, « sachez que rien n'est impossible à qui aime Dieu « et le sert de tout son cœur. A celui-là toutes « choses obéissent... » Hors de lui à la vue de ce miracle, le prélat se précipite aux genoux de François et veut prendre, pour y coller ses lèvres, des mains que le contact du feu n'a point blessées; mais, ne pouvant encore y réussir, il saisit et baise avec respect le bord de son vêtement. »

. Plus de doute dans son esprit : François est à
ses yeux ce qu'il est aux yeux de tous. Cependant
une enquête canonique fut ouverte, moins pour
rechercher la vérité que pour l'entourer de plus
d'éclat. Les témoins accoururent en foule, et quels
témoins ! des boiteux, des muets, des aveugles,
guéris par le thaumaturge. Le délégué vit cet
enfant dont la main de François avait formé le
visage, et ce P. Antoine Scozzetto, qu'un autre
prodige des charbons ardents avait gagné à la cause
du saint fondateur.

De retour à Rome, le camérier assura au pape
que la renommée n'avait rien exagéré sur la vie et
les œuvres du frère François. Paul II recommanda
vivement le nouvel institut à l'archevêque de
Cosenza, et l'on peut croire que l'approbation
canonique aurait suivi de près ce témoignage de
bienveillance, sans la mort inopinée du chef de
l'Église (1471). En attendant que l'on pût reprendre
les négociations et en vue de précipiter la solution
désirée, l'archevêque érigea les frères ermites en
corporation religieuse.

L'année suivante, le nouveau pontife Sixte IV
délégua ses pouvoirs à l'évêque de Saint-Marc,
pour confirmer, s'il y avait lieu, la constitution
publiée par le métropolitain de Cosenza. L'enquête
fut favorable, et l'approbation ne se fit pas
attendre. Cependant le saint fondateur n'était pas
encore satisfait : il voulait un acte direct du pontife
romain, qui mît son institut sur le pied des grands
ordres mendiants. Donc nouvelles instances,

nouvel examen, et finalement, le 27 mai 1474, promulgation de la bulle *Sedes apostolica*.

Nous ne serions pas étonnés que François eût connu d'avance l'heureux résultat de ses démarches. Ne s'était-il pas montré prophète en maintes circonstances? Les actes de sa canonisation constatent qu'il avait prédit la prise de Constantinople en 1453, et l'occupation de l'île d'Eubée et de la presqu'île de Morée en 1469. Plus tard, à l'aide de la même lumière surnaturelle, il verra les barbares assiéger d'abord l'île de Rhodes, puis, repoussés par les invincibles chevaliers de Saint-Jean, se rabattre sur la Calabre, menacer et occuper enfin la malheureuse ville d'Otrante.

Trois mois avant l'arrivée des Turcs, l'homme de Dieu était à son couvent de Paterno; ses frères l'entouraient. Tout à coup il se tourne vers le point de l'horizon qui répondait à Otrante, et, comme un autre Jérémie, il s'écrie en gémissant : « Ah! malheureuse cité, que de cadavres je vois dans ton enceinte! quels flots de sang inondent tes places et tes rues! » Et comme les frères l'interrogeaient, étonnés : « Encore trois mois, ajouta-t-il, et ces choses arriveront dans cette ville; priez, et qu'on prie partout pour désarmer le bras du Seigneur. »

La prière, il ne restait plus, en vérité, que cette ressource. Le roi de Naples, engagé dans les stériles divisions qui agitaient l'Italie, ne se mettait point en mesure de défendre ses États contre les infidèles. Une dernière lettre du saint lui signalait le péril qui menaçait la ville d'Otrante et lui indiquait même le mois de l'année où les barbares assiégeraient cette place. Nous verrons tout à l'heure comment le prince répondit aux avertissements du moine. Considérons auparavant les désastres qu'ils auraient conjurés.

Dix-huit mille Turcs, commandés par Achmet, sont devant Otrante. Le pacha propose aux assiégés de rendre leur ville. Ces courageux citoyens répondent d'une voix unanime qu'ils préfèrent mourir. Pendant quinze jours ils font des prodiges de valeur; mais à la fin les barbares emportent la place d'assaut (11 août 1480), et massacrent tous les habitants qui leur tombent sous la main.

L'archevêque Étienne, vieillard plus qu'octogénaire, venait de célébrer dans son église métropolitaine et de communier une partie du peuple; il retournait à la sacristie, revêtu de ses habits pontificaux, lorsque les vainqueurs, entrant tumultueusement dans le lieu saint, le tuèrent impitoyablement et firent captifs les prêtres qui l'accompagnaient.

Cette scène de carnage se renouvela dans les autres églises. On cite un prédicateur dominicain qui, ne voulant point descendre de chaire sur l'injonction des Turcs, y fut coupé en deux et mourut en proclamant sa foi.

Le lendemain, Achmet, campé sur une colline hors de la ville, se fit amener tous les hommes au-dessus de quinze ans qui se trouvaient encore à Otrante. Ils étaient environ huit cents; on les conduisit la corde au cou, les mains liées derrière le dos. Pendant le trajet, ces généreux chrétiens s'animaient mutuellement à tout souffrir plutôt que de

Siège de Rhodes.

renier Jésus-Christ. Devant l'alternative de l'apostasie ou de la mort que le pacha leur fit offrir, l'un d'eux, Antoine Primaldi, simple artisan, mais vieillard vertueux, confessa au nom de tous la divinité de Notre-Seigneur, et déclara qu'ils aimaient mieux mourir que d'embrasser le mahométisme. « Mes frères, ajouta-t-il en se tournant vers ses compatriotes, jusqu'ici nous avons combattu pour défendre notre patrie, nous devons combattre maintenant pour le Christ; il mérite bien que nous mourions pour lui, puisqu'il est mort pour nous. Allons, fermes et constants, à la vie véritable par le martyre! » A ces paroles, tous sans exception répètent qu'ils sont prêts à mourir. Le 14 août, ces bienheureux confesseurs furent conduits par groupes de cinquante sur la colline de la Minerve, appelée depuis le mont des Martyrs, pour y consommer leur sacrifice. Liés comme l'avant-veille, ils marchaient d'un pas ferme et montraient une sainte allégresse. On rapporte qu'une jeune captive, qui se trouvait sur leur passage, reconnaissant parmi les victimes ses deux propres frères, s'écria : « O mes frères! où allez-vous? — Nous allons mourir pour l'amour de Jésus-Christ, » répondirent-ils. A ces mots, elle tomba de défaillance pour ne plus se relever : un coup de cimeterre lui donna la mort. Lorsque les confesseurs furent arrivés au sommet de la colline, les bourreaux tentèrent encore leur constance. Les trouvant toujours résolus, ils les massacrèrent sous les yeux du pacha. Primaldi fut le premier frappé; il tenait les yeux élevés au ciel, assurant qu'il le voyait ouvert, et les anges préparés à recevoir les âmes de ceux qui allaient répandre leur sang pour la foi. Malgré tous les efforts des Turcs, son corps décapité demeura debout jusqu'à la fin de l'exécution.

Ainsi périrent glorieusement ces héros chrétiens. L'Église les a inscrits dans son martyrologe. Plus tard, pour rendre hommage à leur illustre mémoire, et en souvenir de la prédiction méconnue du patriarche de Paule, les habitants d'Otrante fondèrent un couvent de Minimes sur le mont des Martyrs.

« La chute d'Otrante produisit à Naples et dans toute l'Italie une consternation muette et pleine de stupeur. » Le général turc profita de ce premier moment pour s'emparer de quelques places moins importantes et pour s'étendre sur le rivage de l'Adriatique. Toutefois la Providence arrêta bientôt les progrès de l'invasion barbare. Tandis que les légats du pape convoquaient les princes catholiques de l'Europe à la défense de l'Église, « le roi Ferdinand rappelait enfin son armée de Toscane et la dirigeait sur Otrante, près de laquelle se rassemblaient également, sous les ordres du duc de Calabre, toutes les autres milices du royaume.

« De son côté, François de Paule préparait un meilleur secours. » Nouveau Moïse, il combat les Turcs avec les armes invisibles de la prière et de la pénitence. Dès que, à la lumière qui brille dans son âme, il a vu l'infidèle souiller de son pied vainqueur le sol sacré de sa patrie, il ne quitte plus son couvent; et là il passe tour à tour « de sa cellule à l'église et de l'église à sa cellule, visiblement absorbé par le sentiment des malheurs qui pèsent sur la ville d'Otrante ». Il n'interrompt un instant cette retraite absolue que pour bénir un ami, un noble capitaine, le comte d'Arena et sa troupe, qui vont rejoindre l'armée chrétienne. A chacun de ces vaillants il donne un cierge et leur prédit qu'après avoir chassé les barbares, ils retourneront tous sains et saufs en leurs maisons. Effectivement, nul d'entre eux ne fut blessé.

Huit jours après cette entrevue, François reparaît au milieu de ses frères : « Par charité, leur dit-il, écoutez-moi : Dieu soit béni! Notre-Seigneur nous a fait miséricorde, le sultan est mort, les Turcs vont être chassés de notre pays. » Ce même jour on apprit la mort de Mahomet II. Elle fut le signal d'une guerre civile dans l'empire musulman et de la fuite des infidèles, chassés d'Otrante par l'armée chrétienne.

C'est une mission bien dangereuse que d'adresser des remontrances aux grands de ce monde! Or les avertissements que François avait fait parvenir au roi de Naples, en vue de l'invasion musulmane, avaient été précédés de plusieurs autres, moins agréables encore.

Ferdinand était un prince fier, hautain, ambitieux. Pour jouer un rôle important dans les luttes qui désolaient la Péninsule, il soumettait ses États à d'accablants impôts et à d'odieuses vexations. Ce despotisme le faisait détester de ses sujets, lui et les membres de sa famille, et plus que tous les autres, l'aîné de ses enfants, Alphonse, duc de

Calabre, animé du même esprit que son père et de passions encore plus ardentes.

François n'avait pas craint de blâmer ces désordres et ces abus, de prédire même au monarque les vengeances du Ciel, s'il ne réformait sa conduite. Ce langage n'était point fait pour plaire au roi, ni à son fils, ni à leurs courtisans. Ceux-ci résolurent de fermer la bouche au moine importun, et mirent en avant ce prétexte, qu'il avait fondé sans autorisation plusieurs couvents dans le royaume. On lui signifia donc la défense expresse d'établir de nouvelles maisons et de rien recevoir à cette fin. François répondit : « J'ai obéi à Dieu, aux évêques et au pape; je supplie très humblement Sa Majesté de m'accorder la même grâce que j'ai reçue de Sa Sainteté et de l'Église. » Pour toute réplique, ordre fut donné à un capitaine de galère de prendre avec lui cinquante hommes et d'arrêter François. La petite troupe arrive à Paterno et se met à fouiller le couvent. L'homme de Dieu est à l'église, il prie agenouillé devant l'autel. Les soldats traversent le sanctuaire, pénètrent dans la sacristie et sortent sans avoir vu personne. François sort après eux. « C'est moi que vous cherchez, leur dit-il, me voici. » A ces mots, les satellites, tout à l'heure menaçants et terribles, deviennent doux et respectueux. Le capitaine se précipite aux genoux du saint et lui demande pardon. « Ne craignez rien, mon frère, lui dit le patriarche; mais retournez auprès du roi, et dites-lui de ma part que s'il ne rentre pas au plus tôt dans le devoir, il éprouvera les rigueurs divines. » Une collation fut ensuite servie à la troupe, mais une collation « où la Providence vint encore miraculeusement en aide à la pauvreté de l'homme de Dieu. Il n'avait à offrir que deux pains et une bouteille de vin. C'était peu pour tant de convives; et cependant ils mangèrent et burent à discrétion, et laissèrent sur la table assez de restes pour faire honneur à l'hospitalité ».

Le capitaine, en se retirant, promit au thaumaturge de raconter au roi les merveilles accomplies sous ses yeux. « Non, mon frère, lui répondit l'humble François, ne parlez point de ces choses, mais dites au roi de ma part qu'il prenne garde de lasser la patience divine; s'il ne se convertit pas, il finira, je le crains, par perdre la couronne. »

Le capitaine remplit-il cette mission délicate et périlleuse? L'histoire ne le dit pas. Mais elle a enregistré un second acte de violence accompli cette fois par les officiers de Jean d'Aragon, le dernier fils de Ferdinand : les Minimes furent chassés de leur résidence de Castellamare. Ils y rentrèrent en 1506, lorsque Gonzalve de Cordoue eut rattaché à la couronne d'Espagne ce royaume de Naples à jamais perdu pour la famille royale qui avait persécuté François.

III

Le 2 février 1482, le patriarche de Paule avait
réuni dans son couvent de Corigliano les supé-
rieurs des maisons de l'institut et ses autres fils
spirituels les plus recommandables par l'âge et la
vertu : « Mes enfants, leur dit-il, voici que je vais
me séparer de vous pour aller dans le pays de
France. Écoutez les recommandations de votre
père. » Et il leur rappelle les grands devoirs des
religieux : la charité, l'obéissance, l'humilité, la
patience, la mortification. « Je nomme, ajoute-t-il,
pour vicaire général le P. Paul de Paterno ; vous
lui obéirez comme à notre propre personne. Souve-
nez-vous de moi devant le Seigneur. Que l'Esprit-
Saint demeure au milieu de vous et qu'il m'accompagne. Je choisis pour mes compagnons de voyage
le P. Bernardin de Cropulato, mon confesseur, et
le P. Jean de la Rocca. Adieu, mes frères ! Je
m'éloigne pour ne plus vous revoir en ce monde ;
mes frères, adieu ! »

François pleurait, et tous ses enfants pleuraient

comme lui. Leur ayant ensuite donné le baiser de paix, il partit pour Naples.

Que s'était-il donc passé? Le voici en quelques mots :

Louis XI régnait en France. Il était malade, il voulait guérir, et, la médecine se montrant impuissante, il recourait aux remèdes surnaturels. Un écuyer de la cour, Jean Moreau, qui connaissait de réputation le thaumaturge calabrais, parla de lui au monarque, et dès lors Louis XI crut que l'homme de Dieu le guérirait. Il donna ses ordres : une députation nombreuse, conduite par Guinot de Bussières, maître d'hôtel du palais, se rendit à Paterno et remit au saint une lettre du roi, qui le suppliait de se rendre auprès de lui, afin d'obtenir du Ciel son retour à la santé. Le bon père avait prophétiquement annoncé, vingt ans auparavant, qu'un jour il irait « faire la volonté de Dieu en un pays lointain ». Néanmoins il ne reconnut pas une manifestation suffisante de cette volonté sainte dans les sollicitations intéressées du roi de France; il se confondit en excuses et refusa.

Louis XI eut alors recours à la médiation du roi de Naples. Ferdinand écrivit au saint homme une lettre très pressante, où il l'engageait vivement à ne point différer son voyage, lui donnant, au surplus, l'ordre exprès de partir. Cette nouvelle démarche n'eut pas plus de succès que la précédente. Guinot de Bussières, déconcerté, se préparait à quitter l'Italie, lorsqu'il reçut la mission d'aller s'entendre avec le maréchal de Baudricourt, ambassadeur du roi près du saint-siège, et d'obtenir du pape Sixte IV que François se rendît aux vœux de l'auguste malade. Cette fois la négociation aboutit : deux brefs apostoliques enjoignirent au saint de partir pour la France, et il partit.

Il partit vêtu d'une mauvaise robe de bure, son manteau sur le bras, des sandales aux pieds, un bréviaire dans une de ses manches, un bâton à la main. Il n'avait, pas plus que ses deux compagnons, ni viatique ni provisions de voyage. *Martinello*, un petit âne qu'ils devaient monter en cas de fatigue, marchait devant eux.

Nos trois frères Minimes prirent la route de Naples par les riantes vallées qu'arrosent le Crati et le Sybaris. Aux premiers pas qu'ils firent pour s'éloigner, les populations accoururent, tristement émues, et d'heure en heure l'affluence devint plus considérable. Les prodiges aussi ne manquèrent pas. Nous en rapporterons quelques-uns.

François et ses frères ne vivaient que d'aumônes. A Castelluccio, ils entrent, fatigués, dans une modeste maison et demandent au maître la petite bouteille, la *zuchetta di vino*. « Hélas! répond celui-ci, je n'en ai plus, le tonneau est vide. » Cette réponse touche le cœur du bon père, et d'un mot il remplit le tonneau.

A Lauria, Martinello était déferré. On s'arrête devant la forge d'un maréchal, et on sollicite humblement le secours de son art. Il le prête et demande son salaire. « Nous sommes des pauvres du bon Dieu, répond François; nous n'avons ni or ni argent, mais le Seigneur béni Jésus vous récompensera. » Le maréchal n'était pas homme à comprendre ce langage. Il veut être payé. L'homme de Dieu prend alors un ton d'autorité surhumaine : « Eh bien, puisque nous ne pouvons payer cet homme, allons, Martinello, rends-lui ses fers ! » A ces mots, l'âne secoue les quatre pieds, et les fers se détachent. Le maréchal, tout ahuri, se jette aux genoux du thaumaturge, lui demande pardon et s'offre à referrer la bête. François n'accepte pas et continue sa route jusqu'à Lagonero, où un ouvrier plus charitable lui offre ses services pour l'amour de Dieu.

Salerne, où l'envoyé de Louis XI attendait le bon Père, salua son arrivée par de grandes démonstrations de joie; les foules l'entourèrent pour lui baiser les mains et obtenir sa bénédiction. Le serviteur de Dieu paya l'hospitalité du gentilhomme qui le reçut dans sa maison en promettant une longue postérité à sa famille, alors menacée d'extinction. Et, de fait, Isidoro Toscano constatait que la noble race des Capogrossa était encore très nombreuse au siècle dernier.

En quittant Salerne, le saint désigna du doigt à ses compagnons un lieu près de la ville où serait bâtie plus tard une maison de son ordre. Cette fondation se fit cinq ans après sa mort (1516).

François est aux portes de Naples. A son approche, le syndic et tout le corps des administrateurs se rendent en costume officiel à la porte de Capoue. Derrière les magistrats se pressaient les flots de la population. Au même instant arrivent les équipages du roi, escortés d'un détachement d'archers. Ferdinand descend de voiture, ainsi que ses trois fils et plusieurs grands dignitaires de l'État; il s'avance vers l'humble religieux et l'embrasse. On se dirige vers le Castelnuovo, alors la résidence ordinaire de la famille royale. Les rues sont encombrées; les fenêtres, les balcons et jusqu'aux toits des maisons, garnis de spectateurs. Tous les regards se concentrent, non sur le roi, mais sur le pauvre moine, qui, pendant cette marche triomphale, demeure modeste et recueilli comme un ange.

Il aurait voulu loger dans une maison religieuse; mais Ferdinand, qui doutait encore de sa vertu, avait ordonné de lui préparer un appartement contigu au cabinet royal, où une fente légère pratiquée à la porte permettrait au défiant monarque d'observer de près l'homme de Dieu. L'expérience réussit à merveille. « La nuit vient. Les premières heures se passent; tout fait silence, tout dort au palais. Tout, excepté le vieux roi. Il veille, lui, dans une attente inquiète, » et bientôt il se dirige sans bruit vers la chambre occupée par les religieux. Il regarde par la fente; mais que voit-il? La chambre inondée de lumière; aux deux côtés, les deux frères étendus et endormis à plate terre, et, au milieu, François élevé au-dessus du sol, dans l'attitude de l'extase. A ce spectacle, le vieux roi, saisi d'émotion, ne respire plus; son œil reste longtemps collé à cette fente, et, lorsqu'il se retire, « le doute avait fait place dans son esprit áu respect et à la confiance. »

Le lendemain, un nouveau prodige acheva de venger la vertu du saint homme contre d'injurieux soupçons. N'ayant pu obtenir de l'avoir à dîner, le roi voulut du moins lui offrir quelques mets de sa table. Un page entre dans la chambre du serviteur de Dieu, tenant à la main un plat d'argent où étaient deux poissons frits, et les lui offre de la part du roi. Le thaumaturge étend la main, et à l'instant les poissons reprennent vie : « Reportez ce plat à votre maître, dit le saint, et qu'il rende à la liberté tant de malheureux qui gémissent dans ses prisons, comme j'ai rendu ces poissons à la vie. »

« Ferdinand fut terrassé. Il se prit dès lors, mais trop tard, à regretter l'éloignement de François. Il obtint seulement la faveur de le posséder quelques jours, en vue du bien de son âme et de son royaume. » Le patriarche calabrais ne lui ménagea pas les remontrances, et il parla d'ailleurs avec une effrayante autorité. « Dieu vous a-t-il donné le sceptre, dit-il dans un premier entretien, pour que vous viviez au gré de vos passions, comme s'il n'y avait ni ciel ni enfer?... Et si la mort venait vous dire à cet instant même : « Allons, « parais devant Dieu ! » qu'adviendrait-il de votre âme?... Quel compte ne rendrez-vous pas de vos malheureux soldats, que votre ambition sacrifie sur les champs de bataille?... Ce n'est pas tout encore : vos ministres vendent la justice à prix d'argent. Cet or, qui est là devant nous, que vous m'offriez tout à l'heure pour fonder un couvent de ma pauvre religion dans votre capitale, cet or n'est point à vous; c'est le sang de vos sujets, pressurés par d'injustes impôts. Non, vous ne parviendrez pas à vous justifier devant Dieu. Écoutez ce langage, ô mon roi : c'est celui d'un très fidèle sujet. Je vous ai écrit de la part de Dieu, moi, son pauvre serviteur, et je vous répète en ce moment que si votre conduite ne change pas, c'en est fait de votre famille; dans peu elle perdra le sceptre et la couronne. »

Ferdinand, confus, interdit, recourait aux excuses, repoussant surtout le reproche d'injustice envers ses sujets. François entre alors dans une sainte colère. Il prend dans le bassin une des pièces d'or qu'il a refusées tout à l'heure, la rompt entre ses doigts, et il en sort des gouttes de sang. « Voyez, dit-il, qui a raison de vous ou de moi. Le voilà bien, ce sang de vos malheureux sujets; il crie vengeance au ciel ! » Pour le monarque, ce prodige est un coup de foudre : il pâlit, se voile la face des deux mains, et laisse échapper des sanglots. L'entretien était fini. En congédiant l'homme de Dieu, Ferdinand se recommanda à ses prières et lui promit de faire mieux à l'avenir.

Quelques jours après, François partit pour Rome, où le saint-père voulait le voir.

A l'heure de l'embarquement, la population tout entière vient l'acclamer sur le rivage; le roi, qui l'accompagne la tête découverte, lui adresse de touchants adieux, l'embrasse et baise le bord de son vêtement.

La traversée, une traversée heureuse, malgré la tempête, par l'intervention du thaumaturge, se fit sur une galère de la marine royale, commandée par le prince de Tarente, second fils de Ferdinand, qui avait ordre de conduire le fondateur des Minimes jusqu'à la cour du roi de France.

Arrivé dans la Ville éternelle, François vit d'abord le maréchal de Baudricourt, qui représentait Louis XI auprès du saint-siège. Le lendemain il se rendit au palais pontifical, accompagné du prince de Tarente, de l'ambassadeur français, de Guinot de Bussières et de leur nombreux cortège. Le peuple romain se porta sur tous les points qu'il devait parcourir, et lui prodigua les témoignages de sa vénération. Les prélats firent de même dans l'intérieur du palais. Introduit dans l'appartement du pape, François, ayant à ses côtés ses deux frères, se prosterne trois fois, baise lentement et avec une piété profonde les pieds du vicaire de Jésus-Christ, et lui exprime ses sentiments filiaux en un si beau langage, que tous les assistants sont émerveillés. Le pontife embrasse tendrement ce fils illustre de l'Église, le comble des marques d'une affection toute paternelle, et lui exprime le désir de le voir en particulier.

Que se passa-t-il dans les trois longs entretiens que cet humble moine eut avec le chef suprême de la chrétienté? On peut croire que l'intérêt général de l'Église n'y fut point étranger. « Car nul n'était plus à même d'émettre de sages avis que notre saint, éclairé sur toutes choses par de si vives lumières surnaturelles. » Il est sûr toutefois qu'il y fut question du nouvel institut. Ce mot du patriarche à ses deux frères en fournit la preuve : « Le saint-père a dit de notre pauvre religion qu'elle est très sainte, très utile et très nécessaire pour la réforme du siècle. » Le bienheureux désirait vivement pour son ordre l'approbation du vœu d'abstinence quadragésimale perpétuelle ; mais la sagesse pontificale exigea un délai, afin de soumettre l'affaire à un examen sérieux. François n'insista pas ; mais l'avenir s'ouvrant tout à coup à son regard, il prit vivement la main du cardinal neveu, présent à l'audience, et dit au pape : « Voici, Saint-Père, celui qui remplira mon désir. » Ce fut lui, en effet, qui, devenu pape sous le nom de Jules II, approuva ce vœu effrayant de carême perpétuel.

Sixte IV proposa au saint homme de l'élever à la prêtrise. Mais lui, effrayé, tremblant jusqu'au fond de l'âme, protesta qu'il ne méritait pas le sacerdoce, et qu'il voulait vivre en tout temps et en tout lieu le dernier de tous. « O confusion de notre siècle ! s'écrie Bossuet, des hommes tout sensuels comme nous se présentent à ce redoutable ministère, dont le seul nom épouvante cet ange terrestre ! » Le pape, touché jusqu'aux larmes, n'insista pas ; mais il donna au serviteur de Dieu le pouvoir de bénir les objets pieux et d'accorder certaines indulgences.

A Rome, François reçut la visite de tous les cardinaux et d'un grand nombre de personnages.

Le peuple ne fut pas moins empressé auprès de lui que les grands. Lorsque le saint religieux allait en pèlerin avec ses deux frères d'une église à l'autre, une foule pieuse lui faisait escorte, reproduisant partout le spectacle que nous avons vu à Naples et en Calabre. Mêmes élans, mêmes témoignages de vénération, et aussi même charité, même puissance surnaturelle dans le thaumaturge.

Le bon père a pris congé du souverain pontife en une seconde audience solennelle. Il se rend avec sa suite à Ostie pour continuer son voyage. La mer était trop basse pour que la galère fût mise à flot. « Guinot de Bussières, que tout retard impatientait, se prit de querelle avec le chef de l'équipage ; François intervint. « Par charité, « sondez, dit-il aux matelots. — Nous l'avons fait, « l'eau manque. — Par charité, sondez encore. » La sonde fut jetée, l'eau avait crû de six palmes. La galère partit. » Dans le golfe de Lyon, une tempête se déclara, et il fallut jeter l'ancre. Or en ce moment on était couru par des pirates. Que faire ? L'homme de Dieu, prévenu de ce double péril, monte sur le pont. A la vue du bâtiment ennemi : « Levez l'ancre, dit-il, et marchons en paix ; la nature nous sera plus secourable que les voleurs. » On se remit en mer, et la galère fut emportée avec une extraordinaire vitesse.

Elle aborda non loin de la petite ville de Bormes, sur le cap de la Colombe. Avant de débarquer, François de Paule fit sa confession, afin que ce qu'il appelait ses péchés ne fût pas imputé à la France, qui devenait sa seconde patrie.

Il arrive bientôt avec sa suite aux portes de Bormes : on les avait fermées à cause de la peste qui sévissait dans l'intérieur. Guinot de Bussières demande qu'on les ouvre au nom du roi. Le gardien refuse. François se présente, dit un mot, et les portes sont ouvertes. Il se dirige vers l'église

Saint-Roch, où des ouvriers qui la restaurent s'occupent à soulever une poutre énorme. « Allons, créature du bon Dieu, dit le thaumaturge, ayez à servir à la maison du Seigneur sans coûter tant de peine à ces pauvres gens. » La poutre semble aussitôt perdre une partie de sa pesanteur, et les ouvriers la portent sans effort à la place qu'elle devait occuper.

Ce fait avait eu plusieurs témoins. On accourt à l'église sur les pas du saint, et dès qu'il est sorti on l'entoure ; on lui demande la cessation du fléau. Il se fait conduire à l'hospice, et d'un signe de croix il guérit instantanément tous les malades. La peste disparut pour toujours de la petite ville de Bormes. Bien plus, des pestiférés venus du dehors y furent souvent reçus, sans que la santé publique en ressentît jamais aucune atteinte. En 1835 notamment, le choléra, qui exerçait ses ravages à Toulon et dans la partie méridionale de la Provence, ne fit pas une seule victime à Bormes, quoique un grand nombre de Toulonnais eussent quitté le foyer de l'épidémie pour se réfugier dans cette ville.

Les deux jours qu'y passa le thaumaturge furent signalés par d'autres prodiges. Aussi la dévotion populaire poussa-t-elle l'indiscrétion jusqu'à couper des morceaux du vêtement de François. Il laissa libre carrière à cette pieuse ardeur, assuré que si le prochain y gagnait, lui-même n'y perdrait rien. Effectivement, l'on eut beau prendre des reliques, l'habit parut toujours intact.

Cependant Guinot de Bussières avait fait porter

au roi par un des hommes de sa suite, Jean Moreau, dont nous avons déjà prononcé le nom, la nouvelle du débarquement de François. Louis XI, en l'apprenant, sauta de joie. Sur l'heure, il offrit au messager une somme de dix mille écus, ajoutant même encore : « Demandez-moi tout ce que vous voudrez. » Jean Moreau, aussi avide que Louis XI était prodigue, lui demanda un évêché pour son frère ; et l'évêché fut promis.

De Bormes à Tours le trajet était long. François le fit à pied avec ses deux frères par Fréjus, Lyon, Orléans, Amboise. Partout à son approche les populations s'ébranlèrent. On allait au-devant de lui en procession, et « on lui rendait plus d'honneurs qu'aux légats du pape ». On coupait sa corde, ses habits, et on se partageait ensuite ces morceaux. De là vient sans doute qu'il y eut en France, pendant longtemps, une si grande quantité de reliques du serviteur de Dieu.

A Amboise, il fut reçu par le dauphin. « L'histoire de France a raconté comment fut élevé le fils de Louis XI. Mauvais père, comme il avait été mauvais fils, le vieux roi tenait alors le jeune prince enfermé dans le château d'Amboise, sous le cruel prétexte de mieux pourvoir à son éducation. L'arrivée de François lui procura l'avantage de sortir pour quelques heures de sa prison. D'après l'ordre de son père, le dauphin se rendit au-devant du saint homme. L'ayant abordé, il s'inclina pour recevoir sa bénédiction, et lui offrit ensuite les compliments du roi. »

Une garde d'honneur attendait François de

Paule à Amboise; elle l'accompagna jusqu'à Tours, où il arriva le 24 avril 1482. Après avoir traversé la ville par des rues inondées de peuple, il se dirigea vers le château du Plessis. Louis XI, qui était sorti avec sa cour pour le recevoir, se mit à genoux en l'abordant, et lui demanda « qu'il luy plust allonger sa vie. A quoi le saint homme répondit ce que sage homme devait répondre ».

François ne voulut pour logement qu'une petite habitation située dans la basse-cour du château, près d'une chapelle dédiée à saint Matthieu, que le roi mit à la disposition des religieux.

« Avant d'apprécier la salutaire influence exercée sur Louis XI par le saint hôte qu'il avait le bonheur de posséder, nous devons constater la situation physique et morale où se trouvait alors ce monarque.

« Deux choses expliquent sa conduite à ses derniers jours : il voulait garder son autorité jusqu'à la mort, et il ne voulait pas mourir. Or, comme la mort faisait son œuvre en lui et malgré lui, et qu'il le sentait, il avait peur ; » et parce que, d'un autre côté, la connaissance de son état pouvait encourager, sinon des projets de révolte ouverte, du moins des menées sourdes contre son autorité, il avait encore peur. « Double peur, double supplice providentiellement infligé à ce roi comme une application de la loi du talion. »

Cette disposition d'esprit explique tout ce que Louis XI fit de bizarre, d'étrange, d'extravagant vers la fin de sa vie.

Au mois de mars 1479, il avait été frappé d'apoplexie aux Forges, près de Chinon. Deux ans plus tard, un nouvel accident du même genre lui était survenu à table.

« Cependant il ne voulait pas mourir. Afin de ranimer la vie qui s'éteignait, il épuisa d'abord tout ce que la science médicale du temps avait de ressources. Puis il eut recours à toutes sortes de remèdes extraordinaires. » A son désir, le pape Sixte IV lui avait envoyé plusieurs reliques, et la sainte ampoule de Reims était sur le buffet de sa chambre.

De plus en plus jaloux de son autorité, il affectait une pompe royale, objet jusque-là de son dédain. Despote et cruel, il punissait sévèrement, cassait même les officiers, « de peur qu'on ne le tînt pour mort. » Il s'étudiait à occuper le public non seulement en France, mais en diverses contrées de l'Europe, envoyant des ambassadeurs pour négocier avec les cours étrangères, et des marchands pour acheter en son nom et avec éclat des animaux rares ou inconnus ici. Sachant que personne ne l'aimait, il s'entoura de précautions formidables. Enfermé au château du Plessis, « il fit creuser autour un fossé large et profond, sur lequel on jeta des ponts-levis qui ne s'abaissaient qu'à une certaine heure. En deçà il fit planter une barrière de gros treillages de fer ; les murailles mêmes furent hérissées de longues broches garnies de pointes ; les portes furent défendues par des bastions et des guérites de fer. Quatre cents archers veillaient jour et nuit autour de cette effrayante demeure, et avaient ordre de tirer sur tous ceux qui approcheraient avant de s'être fait connaître. On avait semé dans la campagne voisine dix-huit mille chausse-trapes, pour en défendre l'accès à la cavalerie. Dans l'intérieur de la cour étaient rangées, en deux files, de grosses chaînes qu'on appelait les *fillettes du roi*, attachées à des boulets où l'on enchaînait les malheureux, souvent pour des causes légères. Personne ne logeait dans le château, excepté quatre ou cinq officiers, qui, chargés de l'exécration publique et s'attendant à tomber entre les mains de la justice après la mort de leur maître, avaient le plus grand intérêt à prolonger sa vie. Les princes du sang, les propres filles du roi, ne pouvaient y entrer, à moins qu'ils ne fussent mandés. Lorsque Anne de France, le sire de Beaujeu, son mari, et le comte de Dunois amenèrent de Flandre la jeune Dauphine, Louis XI, ayant aperçu des fenêtres de son palais le cortège qui les suivait, fut effrayé et se hâta d'envoyer au-devant d'eux des officiers de confiance pour examiner s'ils ne cachaient point d'armes sous leurs vêtements [1]. »

Quelques-uns ont avancé que Louis XI ajoutait à ses misères morales la misère plus grande de l'incrédulité ; qu'il se riait de lui et des autres, ne croyant ni aux saints ni à Dieu. C'est à tort ; ce fils de saint Louis n'était pas descendu jusque-là. Il avait la foi et toutes les habitudes qui en forment le cortège ordinaire. « Quand les roys de France veulent toucher les malades des écrouelles, dit

---

[1] Amédée Gabourd, *Histoire de France*, t. IX, p. 227.

Commines, ils se confessent, et lui n'y faillit jamais une fois la semaine. »

Seulement la foi de Louis XI, s'imprégnant des défauts de son caractère, « avait je ne sais quoi d'égoïste ; on eût dit un calcul superstitieux. Il semblait vouloir intéresser le Ciel à ses intrigues. De là, une foi sans intelligence et une dévotion sans piété[1]. »

Tel était le roi de France, lorsqu'il reçut l'envoyé de Dieu.

« Pour transformer une vieille nature de ce genre, un miracle eût été nécessaire, et François de Paule n'avait point de miracle pour Louis XI. » Non ; mais, ainsi qu'on va le voir, il sera pour le monarque un ange de détachement et de résignation.

Le saint homme n'entendait pas le français. Louis XI lui donna pour interprète Ambroise Rambault, qui se montra digne de la confiance et de l'amitié du patriarche.

Une fois installé dans son logement, François de Paule fit sa visite au souverain. Celui-ci, en le voyant entrer, se mit à genoux, lui demanda sa bénédiction, et le pria aussitôt de lui rendre la santé. Le serviteur de Dieu répondit encore avec la même réserve qu'à son arrivée ; ce qui n'empêcha pas le roi de lui témoigner beaucoup de respect et d'affection.

Il avait chargé Guinot de Bussières et Pierre Brissonnet, intendant général de ses finances, de

[1] Laurentie.

Château d'Amboise.

fournir au bon saint homme et à ses frères toutes les provisions dont ils auraient besoin ; mais il se faisait volontiers lui-même leur pourvoyeur, et y apportait les attentions les plus délicates.

Cette royale sollicitude n'était pas tout à fait désintéressée. Louis XI espérait toujours un miracle du thaumaturge. Il le voyait tous les jours, et à chaque entrevue c'étaient des prières et des promesses sans fin [1]. Ne pouvant rien obtenir, il ouvrit son âme à une pensée de méfiance. François ne mangeait que des racines et passait des heures dans la plus étroite solitude. Sa vie était un mystère. Le soupçonneux monarque chargea Pierre Brissonnet d'observer le saint homme jusque dans l'intérieur de sa cellule. Toujours on l'y trouva dans une attitude édifiante : tantôt à genoux, les mains jointes, tantôt assis, immobile et recueilli. Le roi joignit les mains d'admiration en entendant ce récit. Le nuage cependant ne devait pas sitôt disparaître. « Louis XI avait près de lui

[1] « Au moins dix ans, mon Père ! accordez-moi dix ans,
Et je vous comblerai d'honneurs et de présents.
Tenez, de tous les saints je porte ici les restes ;
Si j'obtiens ces... vingt ans par vos secours célestes,
Rome, qui peut presser les rangs des bienheureux,
Près d'eux vous placera ; que dis-je ? au-dessus d'eux.
Je veux sous votre nom fonder des basiliques ;
Je veux de jaspe et d'or surcharger vos reliques.
Mais vingt ans, c'est trop peu pour tant d'or et d'encens ;
Non, un miracle entier ! de mes jours renaissants
Que la clarté sitôt ne me soit pas ravie.
Un miracle ! la vie ! Ah ! prolongez ma vie ! »
    (CASIMIR DELAVIGNE, tragédie de *Louis XI*.)

son médecin Jean Coctier, homme vil et odieux, qui exploitait à tout propos la crainte que son maître avait de mourir, qui le traitait comme un enfant, le martyrisait comme un esclave, et, en échange de ces beaux services, jouissait du titre de chancelier et d'une pension mensuelle de dix mille écus. Jean Coctier avait pris ombrage de saint François de Paule ; il craignait en lui un rival dont le crédit pouvait lui nuire. Il résolut d'indisposer le roi contre lui. L'entreprise était facile ; Louis XI n'avait qu'à être ramené sur la pente naturelle de son caractère. Il se laissa persuader sans effort que la conduite du moine n'était que feinte et hypocrisie, et il voulut la soumettre à de nouvelles épreuves. »

D'abord, pour tenter sa pénitence, il lui fit porter à diverses reprises des mets de sa propre table. François les refusa obstinément. Alors Louis XI attaqua son esprit de pauvreté. Il lui envoya un service en argent ; l'homme de Dieu repoussa ce cadeau, pour continuer à n'user que de pauvres écuelles. Les assiettes d'étain ne reçurent pas un meilleur accueil. Le roi était attendri ; Jean Coctier fit bien vite disparaître cette bonne disposition. « Le moine, dit-il, a refusé parce qu'il a soupçonné un piège ; mais le roi a une *Notre-Dame* en argent ; qu'il veuille bien la lui offrir, il la recevra certainement des deux mains. » Ce ne fut pas cette Notre-Dame, mais une statue de la Vierge, d'or très pur et estimée dix mille ducats, que le chapelain de Louis XI essaya vainement, et par trois fois, de faire accepter à l'humble religieux. Enfin, le roi lui fit dire que s'il ne voulait pas la statue pour lui ni pour son ordre, il l'acceptât du moins pour en distribuer le prix aux pauvres. « Non, répéta le saint homme, ce n'est pas à moi à distribuer les aumônes du roi ; il a ses aumôniers pour cela faire. »

Un jour que François conversait seul à seul avec le monarque, une dernière épreuve fut infligée à sa vertu. Louis XI tire soudain de ses poches plusieurs poignées de pièces d'or, les jette dans son chapeau, et les lui présentant : « Allons, bon homme, dit-il, prenez ceci ; personne n'en saura rien ; vous ferez bâtir à Rome un couvent pour votre ordre. » Surpris et même blessé d'une pareille proposition, François repousse vivement de la main le chapeau du roi : « Rendez plutôt cet or, répond-il, à ceux à qui vous l'avez fait injustement enlever. » A ce mot, Louis XI, comme frappé d'un coup de foudre, se retire précipitamment.

Les manœuvres inspirées par la jalousie d'un méchant homme eurent donc pour résultat de conquérir au serviteur de Dieu la confiance de Louis XI, et François put dès lors exercer sur le royal malade cette action douce et forte qui devait l'amener enfin à offrir à Dieu le sacrifice longtemps refusé de son autorité et de sa vie. « Non que Louis XI renonçât jamais au désir ni même à l'espérance d'obtenir du thaumaturge un miracle de guérison ; il y revenait souvent, au contraire ; mais il finit par soumettre ses résistances intérieures à une résignation toute chrétienne, et Dieu ne demandait rien de plus. »

Dans les derniers mois de sa vie, « Louis XI s'entretint tous les jours avec saint François. Il lui parlait de sa guérison, mais avec une préoccupation qui allait en diminuant. François le remarquait avec consolation; toutefois il attendit patiemment l'heure où le monarque pourrait supporter sans trop de révolte sa formidable sentence de mort. » S'abstenant donc de toute parole qui eût pu le décourager, il se contentait de l'entretenir sur la vanité des choses terrestres, sur la nécessité de se rendre à la volonté de Dieu. Calmé, attendri par ce langage, le roi ouvrait doucement son cœur à la confiance; il cherchait même à imiter son saint directeur, saluant, comme lui, tout le monde par ces mots : *Ave, Maria.*

Cependant la mort arrivait à grands pas. Il fallait en avertir Louis XI. François remplit ce devoir au cours d'un entretien où le monarque lui posa ces trois questions : « Dois-je guérir de cette maladie? Qu'ai-je à faire par rapport aux comtés du Roussillon et de Cerdagne, sur lesquels je suis en discussion avec le roi d'Aragon? Quels malheurs affligeront le royaume après ma mort? — Sire, je réponds à votre première demande que vous ne guérirez pas; qu'il vous reste peu de temps à vivre, et qu'il faut vous hâter de mettre ordre à vos affaires. Sur votre seconde question, je n'ai qu'à vous exhorter à rendre au roi d'Aragon ce que vous lui devez, en cas que vous lui deviez quelque chose. A votre troisième demande je réponds qu'après votre mort et la mienne, la France sera châtiée par le fléau des hérésies. »

Ainsi parla l'homme de Dieu. Louis XI « mit à profit ses avertissements. Toujours attaché à la vie, ne désespérant jamais de guérir, il pensait sérieusement à sa dernière heure et se soumettait aux décrets de la Providence avec une édifiante résignation ». De son côté, François redoublait ses prières pour le salut du roi, à mesure que celui-ci approchait de sa fin.

« Arrivé à ses derniers jours, Louis XI, dit Commines, n'était plus qu'une *anatomie cheminante*. Le lundi, 25 août 1483, il éprouva une dernière crise qui lui ôta la parole. Quand elle lui revint, il comprit que c'en était fait de lui. Toujours néanmoins il avait espérance en ce bon solitaire qui était au Plessis, et envoyait devers lui, disant que, s'il voulait, il lui allongerait bien la vie. Mais toujours aussi même réponse du bon solitaire : « Dieu ne le veut pas, l'arrêt est porté. »

Le monarque fit venir d'Amboise le dauphin et lui donna en particulier de sages conseils. Il réunit auprès de son lit tous ses enfants, et leur recommanda d'avoir grande confiance au bon saint homme, le priant lui-même de les assister toujours de ses avis et de son crédit auprès de Dieu.

Les dispositions du roi devinrent si chrétiennes, que Notre-Seigneur fit miracle sur lui. Il supportait son mal sans jamais se plaindre et invoquait constamment Notre-Dame d'Embrun. Ayant reçu les sacrements, qu'il avait lui-même demandés, « il ordonna sa sépulture, et nomma ceux qu'il voulait qui l'accompagnassent par chemin, et disait qu'il n'espérait à mourir qu'un samedi, et que Notre-Dame luy procurerait cette grâce, en qui toujours avait eu fiance et grande dévotion et prière. » Le mercredi qui précéda sa mort, l'indigne Coctier avait affirmé qu'il n'irait pas jusqu'au lendemain ; François de Paule, qui le sut, annonça au contraire que le roi vivrait jusqu'au samedi. « Et tout ainsi lui advint, car il décéda le samedi à huit heures du soir.

« Ainsi mourut Louis XI, plus chrétiennement qu'il n'avait vécu, » grâce aux prières du pauvre ermite.

Dès que le roi eut expiré, l'homme de Dieu s'enferma dans sa cellule jusqu'après les funérailles.

IV

François de Paule ne songea point à retourner
en Italie. Dieu l'avait donné à la France ; il y
reprit par la base son œuvre de fondateur. L'un
de ses deux compagnons, Jean de la Rocca, était
reparti pour la Calabre le lendemain même de la
mort de Louis XI ; il ne lui restait donc que le
P. Bernardin de Cropulato, son confesseur. Dans
cet état d'isolement, que pouvait-il? Rien, attendre
que la Providence lui envoyât des disciples. Pendant dix ans qu'il passa dans sa pauvre résidence
du château royal, des sujets s'offrirent en assez
grand nombre. Les premiers coopérateurs du saint
patriarche dans la propagation de l'ordre des
Minimes en France furent : les PP. Denis Barbier,
François Cerdon, qui allèrent plus tard en Allemagne, où ils fondèrent plusieurs couvents ;
Martial Desvoisins, qui fut attaché à la mission
d'Espagne et prononça ses vœux dans la cathé-
drale de Tolède en 1487 ; Germain Lionnet et Jean
Abondance, chargés de la fondation de l'ordre

dans le royaume catholique ; enfin le P. Binet, le plus illustre de tous. Nommé prieur du monastère de Marmoutier à l'âge de trente-six ans, il y donnait aux religieux de Saint-Benoît l'exemple malheureusement trop suivi du relâchement et de la vie mondaine.

Une visite au « bon homme » de Paule détermina sa véritable vocation. Il alla trouver l'abbé du monastère pour se démettre de sa charge et obtenir de passer de la règle bénédictine à celle du frère François. Le nonce et l'archevêque de Tours furent priés d'intervenir. Leur décision trancha l'affaire selon les vœux du P. Binet. Il fit son noviciat, sous la direction du P. Bernardin de Cropulato, avec toute la ferveur d'un jeune homme, prenant part aux plus durs exercices de sa nouvelle religion et se plaisant surtout aux emplois les plus abjects.

François aima ce disciple avec tendresse : il le prit pour son secrétaire et son conseiller ordinaire. Devenu profès, le P. Binet tomba dangereusement malade. Un jour que son état faisait craindre une mort prochaine, le bon père lui dit avec assurance : « Mon frère, le mal a beau sévir, vous ne mourrez point de cette maladie. » Puis, en se retirant, il donna au religieux qui l'accompagnait les détails les plus circonstanciés sur les destinées futures du P. Binet, lui annonçant notamment qu'il ferait le voyage de Rome et y rendrait à l'ordre les plus grands services.

Avec de tels coopérateurs, le patriarche pouvait entrer dans la voie des fondations. La première fut celle de Bracancourt, au diocèse de Langres, où le maréchal de Baudricourt, redevenu pratiquant, grâce, croyait-il, au moine calabrais, se fit un devoir de reconnaissance d'appeler et d'établir à ses frais des religieux minimes.

Cependant une réaction avait suivi la mort de Louis XI. Anne, régente sans en avoir le titre, prêtait la main à des réformes où perçait un sentiment de vengeance. Des dons, exagérés peut-être, avaient été faits aux églises : ils furent repris en partie. Les favoris du roi, qui s'étaient enrichis à son service, n'eurent pas à s'en applaudir. On dépouilla Coctier des richesses qu'il avait arrachées à la peur ; le barbier Olivier Le Daim, créé comte de Meulan, fut pendu ; Jean Doyne, ce gouverneur d'Auvergne, subit la honte du fouet et le supplice, trop barbare, de la mutilation.

« Ces représailles, exercées contre l'entourage de Louis XI, affligèrent François de Paule en ce qu'elles eurent d'opposé à la douceur chrétienne ; il n'en fut pas autrement troublé. Les relations de conscience qu'il avait eues avec le roi défunt n'avaient pu faire ombrage à personne. Il était sûr, d'ailleurs, des sentiments du jeune roi et des princesses à son égard. Loin donc de penser à se retirer, il entreprit, au contraire, de s'assurer une position contre les chances de l'avenir. »

Le petit corps de bâtiment qu'il occupait avec ses frères dans la basse-cour du château ne lui avait été donné en propre par Louis XI que verbalement. Il adressa donc à la régente du royaume, peu de temps après la mort du roi, une supplique tendant à obtenir une autre résidence [1] ou tout au moins un titre authenthique pour celle qu'il possédait. Sa demande fut accueillie, mais les préoccupations politiques retardèrent l'expédition des lettres patentes. Pierre de Bourbon les délivra, à Paris, au nom de Charles VIII, le 19 mars 1485.

Ce premier résultat obtenu, le serviteur de Dieu adressa au nouveau pape une supplique où il sollicitait la confirmation des privilèges accordés par Sixte IV aux religieux de Paule. Innocent VIII octroya, sous la date du mois d'avril 1485, une constitution approuvant et confirmant tous les privilèges et faveurs précédemment accordés « au frère François de Paule et à tous ses frères ».

Le saint fondateur voulut assurer ensuite l'existence légale de son institut dans le royaume. La concession de ce privilège souffrit un délai notable, mais qui n'eut d'autre motif que les embarras suscités au gouvernement par la révolte du duc d'Orléans. Elle fut donnée le 18 avril 1488. Le roi, obtempérant à la requête de son cher et bien-aimé frère François de Paule, lui accorde, ainsi qu'à ses religieux présents et à venir, « congé et licence qu'ils puissent et leur loise publier lesdites bulles [2], et d'icelles eux ayder et jouyr des grâces et privilèges dedans contenus. » Le roi prie les évêques et « autres gens d'église de recevoir et faire béni-

---

[1] Celle qu'il occupait se trouvait déjà trop étroite pour le nombre toujours croissant de ses religieux; elle était, de plus, trop rapprochée de la cour, autrement bruyante que sous le vieux roi.

[2] Celles de Sixte IV et d'Innocent VIII.

gnement recevoir les suppliants et leurs successeurs, et permettre qu'ils acceptent lieux, oratoires et ermitages » qui seront « à eux donnés et députés, présents et à venir, pour Dieu servir ». Le monarque prend ensuite les religieux sous sa royale protection, « afin qu'ils puissent mieux, plus seurement et en plus grand repos, servir dévotement à Dieu notre Créateur. »

« On arrivait à l'année 1489. La révolte venait d'être étouffée sur le champ de bataille de Saint-Aubin-du-Cormier. Louis d'Orléans était dans la tour de Bourges, et Anne de Beaujeu triomphait.

« Charles VIII et sa sœur rentrèrent dans la paisible résidence de Plessis-lez-Tours ; ils y retrouvèrent leur première affection pour « le bonhomme « de la chapelle monsieur Saint-Matthieu », et cette affection s'épancha en de nouveaux bienfaits.

« La résidence de la basse-cour était devenue tout à fait insuffisante. » Le roi fit acheter un emplacement au quartier des Montils, et l'on y bâtit un monastère ou ermitage » digne de la munificence royale, « avec les dormitoir, cloistre, jardin et autres choses requises pour la clôture. » Le jeune monarque donna aussi des ordres pour la construction de l'église conventuelle, qui fut dédiée à Jésus-Maria. Elle avait soixante-dix-huit pieds de long sur vingt-huit de large, avec deux chapelles intérieures et des caveaux à l'entour pour la sépulture des religieux. Le tout fut achevé en 1491. Charles VIII, mettant le comble à ses largesses, meubla le couvent à ses frais et le dota d'une rente annuelle de six cents livres tournois.

Les Minimes y étaient à peine installés, que le
jeune roi les appela dans la ville d'Amboise. Il
voulait consacrer en ce lieu, par un monument
durable, le souvenir de la première bénédiction
donnée au dauphin par le saint patriarche. Le
couvent fut bâti, comme celui de Tours, aux frais
du trésor royal. Il occupait un site charmant, au
pied du château, sur le bord de la Loire. François
présidait à sa construction, lorsqu'il reçut la visite
de l'évêque de Grenoble, Laurent Allemand, qui
venait lui demander la guérison de ses deux neveux
malades. Le prélat obtint sur-le-champ ce double
miracle. En reconnaissance, il édifia aux Minimes
un vaste couvent près des murs de Toulouse.

La ville de Fréjus, que le thaumaturge, à son
arrivée en France, avait miraculeusement délivrée
de la peste, voulut aussi lui témoigner sa gratitude : elle fit bâtir pour ses religieux le couvent
de Notre-Dame-de-Pitié.

Mais le saint patriarche désirait par-dessus tout
une fondation dans le voisinage de Paris. Or, à
cette époque, un noble chevalier, Jean Villers-
Morhier, donna au nouvel ordre la vieille tour de
Nigeon, située sur le bord de la Seine, à une demi-
lieue de la capitale, et la reine se chargea d'en
faire un couvent. Il fallait l'autorisation de l'évêque
de Paris. François lui adressa une supplique, et
le prélat consulta son conseil. Deux docteurs de
l'université, Jean Quentin et Jean Standonc, s'op-
posèrent à la concession demandée et firent préva-
loir leur avis. Égarés par un zèle égoïste, ils ne
voulaient pas d'un ordre importé, disaient-ils, par

un moine étranger. Ce moine, ils ne le connaissaient pas ; la Providence le leur fit connaître. Chargés d'une mission de l'université auprès du roi, ils se rendirent à Amboise, où était la cour, et de là au couvent des Montils. François leur offrit l'hospitalité. Ils le virent et s'entretinrent avec lui, et bientôt leurs préjugés firent place à l'admiration. La cause du saint fondateur était gagnée, l'autorisation de bâtir le couvent de Nigeon-lez-Paris fut accordée le 14 novembre 1493. Pendant six mois, Jean Quentin donna l'hospitalité aux religieux Minimes qui surveillaient les travaux. L'église de ce monastère reçut la consécration des mains de François de Rohan, archevêque de Lyon, prélat très affectionné au nouvel ordre, le 19 octobre 1506.

En reconnaissance des services qu'il lui avait rendus, le patriarche de Paule aima toujours Jean Quentin comme un frère, et le vénéra comme un maître dans la science sacrée ; il lui donna tout pouvoir sur « sa pauvre religion », voulant qu'il fût toujours le père des Minimes, qu'il les corrigeât, disciplinât et même emprisonnât, si besoin était. Le docteur s'agrégea au tiers ordre de François et pratiqua rigoureusement la vie de carême. Il mourut en 1509, après avoir légué son cœur au couvent de Nigeon.

Cinq ans auparavant était mort son collègue Jean Standonc, tertiaire zélé comme lui et fondateur d'une belle œuvre, celle des pauvres écoliers du collège de Montaigu.

La faveur royale dont jouissait le nouvel institut

lui valut plusieurs autres établissements : nommons Notre-Dame-des-Châteliers, dans la forêt de Persaigne, au diocèse du Mans (1493) ; Jésus-Maria-de-la-Plaine ou Saint-Blaise, dans le voisinage de Grenoble (1499) ; l'Annonciade d'Amiens (1503) et le couvent d'Abbeville (1504), en Picardie.

A cette dernière date, les Minimes avaient déjà plusieurs résidences en Espagne. Ferdinand V, en guerre avec les Maures, assiégeait Malaga depuis trois mois. Son courage était sur le point de faillir, lorsque deux religieux, le P. Bernardin de Cropulato et le P. Jacques l'Espervier, vinrent de la part de François lui annoncer la victoire et l'exhorter à la persévérance. On était aux premiers jours de mai 1487. Or, le 18 du même mois, Malaga tombait au pouvoir du roi catholique, et, quatre ou cinq ans après, son épée victorieuse avait chassé les Maures de son royaume.

Les Minimes d'Espagne furent nommés les « Pères de la Victoire », et Ferdinand donna le signal de la reconnaissance publique. Il fit construire aux deux religieux, près de Malaga, sur l'emplacement même qu'avait occupé sa tente pendant le siège de cette ville, l'ermitage de Notre-Dame-de-la-Victoire, avec promesse de le transformer plus tard en un vaste et beau couvent.

Dès que cette fondation fut solidement assise, le P. Germain Lionnet se rendit avec cinq autres Minimes à Andujar. Le comte de Lucena, qui avait représenté l'Espagne à la cour de France, s'était lié d'amitié avec le saint homme de Paule : il lui offrait l'ermitage de Sainte-Hélène, sur les

Château du Plessis-lez-Tours.

3*

rives du Guadalquivir, à quelques lieues de Cordoue.

Cette donation n'épuisa point la bienveillance du comte envers le nouvel institut. « Ce seigneur avait une fille, jeune encore, mais déjà veuve, et une nièce orpheline. Éprises des mêmes attraits de piété, elles menaient en commun, au milieu du monde, la vie austère du cloître. Les récits de l'ancien ambassadeur de Tours les avaient remplies d'enthousiasme pour François de Paule. Lorsque les Minimes furent arrivés à Andujar, elles se mirent sous leur direction et s'essayèrent à leur genre de vie. Leur maison devint un monastère où entrèrent successivement quelques autres personnes de la ville. » Quand la communauté fut en nombre, elle fit solliciter par le comte de Lucena la faveur d'être associée à la religion du saint patriarche. L'homme de Dieu ne leur permit d'abord qu'un simple essai, sans vœu ni engagement d'aucune sorte. Il indiqua des prières à réciter, une règle à suivre, et ce fut tout. Or l'essai réussit. Les pères de Sainte-Hélène dirigeaient ce nouveau monastère de Jésus-Maria. Plus tard, le fondateur en confia la direction au P. Jean Abondance. On vit ce bon religieux mendier de porte en porte de la farine, de l'huile et d'autres provisions, pour ses filles spirituelles. Et comme sa vie était « innocente et sainte », chacun lui donnait largement « pour les servantes de Dieu ». Ces quêtes firent cependant ombrage à quelques moines. Ils indisposèrent la reine contre le P. Abondance, et elle le fit enfermer dans un couvent des religieux de Saint-Jérôme, où il édifia toute la communauté par son régime sévère et l'exactitude à la règle. Durant cet exil de leur père, les pauvres religieuses d'Andujar faisaient neuvaines sur neuvaines pour obtenir de Dieu son retour. Elles n'y réussirent qu'au bout d'un an.

Le 2 février 1502, les Minimes s'étaient installés à l'ermitage de Saint-Roch, près de Xerès-de-la-Frontera, au diocèse de Séville. L'archevêque leur fit une vive opposition, et ils durent en appeler au saint-siège, qui leur donna gain de cause.

A la même époque, une illustre famille d'Écija, près de Séville, leur construisit et dota le couvent de Notre-Dame-de-la-Victoire, célèbre par un pèlerinage dont voici l'origine. Un frère lai de la fondation d'Écija, Martin Marmalejo, venu à Tours auprès du saint patriarche, avait reçu de lui un bâton de mûrier, qu'il planta en terre, selon la recommandation du thaumaturge, dès qu'il fut de retour à son couvent. Le bâton prit racine et devint un bel arbre. Or, chaque année, au retour du printemps, on allait des pays voisins à ce mûrier, dont les feuilles étaient un préservatif merveilleux contre les maladies des vers à soie.

L'établissement de l'institut en Espagne détermina son introduction en Allemagne. L'empereur Maximilien Ier, qui avait appris comment François de Paule avait contribué à l'expulsion des Maures du royaume catholique, lui demanda une colonie de Minimes pour ses propres États, et ils y fondèrent trois maisons (1497).

Ce récit très abrégé des premiers développements de l'ordre nous a fait anticiper sur les temps. Revenons en France auprès du saint ermite.

La bienveillance du jeune roi et des princesses à son égard ne s'était jamais démentie. Charles VIII le faisait fréquemment venir au château ; souvent il allait le voir dans sa cellule, et, pendant ces visites, le roi se tenait la tête découverte.

François répondait à ces marques de haute bienveillance par un dévouement sans bornes. Il n'avait cessé de prier pour le roi et d'appeler sur son règne les bénédictions du Ciel. Quelquefois même il donnait de sages conseils et interposait sa douce et pacifique médiation.

Ici, l'histoire des Minimes va se mêler pour un moment à la grande histoire de notre pays. « La révolte de Louis d'Orléans et des autres princes français avait eu son point d'appui dans la cour de Bretagne. Mais, après quatre ans de guerre civile, cette révolte allait succomber dans les champs de Saint-Aubin. Au reste, lorsque la guerre s'engagea, la France et son roi pouvaient avoir confiance dans le succès ; ils avaient un Moïse qui priait pour eux. François, pendant ces graves événements, resta vingt-trois jours enfermé dans sa cellule. » Le vingt-quatrième, il sort et se montre à ses frères ; son visage était radieux : « Rendons, dit-il, nos actions de grâces au Seigneur Dieu des armées ; le roi Charles a vaincu. » Et sur l'heure il se rend à l'église avec ses religieux, pour chanter le *Te Deum*. A ce moment, la victoire s'arrêtait sur le drapeau de la France. Le public, d'une voix unanime, en fit honneur au « bon saint homme ».

Charles VIII lui-même n'eut pas d'autre pensée. D'ailleurs un fait bien remarquable dut confirmer sa croyance. Un de ses soldats, qui portait sur lui avec confiance un cierge bénit par François, se trouvait au plus fort de la mêlée, et tandis qu'autour de lui tous ses camarades furent tués ou blessés, il ne reçut pas même une égratignure.

La victoire de Saint-Aubin fut le signal de la désolation de la Bretagne : les places de cette belle province tombèrent une à une au pouvoir du roi vainqueur. Ces faits sont connus, et nous n'avons pas à les redire ; mais ce qui l'est moins, c'est que François de Paule, dès le début de la régence d'Anne de Beaujeu, avait prédit cette désolation et s'était interposé pour en prévenir le malheur.

Il voulait le mariage de Charles VIII avec Anne de Bretagne, et il avait écrit dans ce sens à Charles VIII et au duc François. Si cette union eût été accomplie au temps où il la conseillait, on aurait épargné bien des soucis à la régente, bien des maux à la Bretagne, et à la France beaucoup de sang versé. Mais on repoussa la proposition du saint homme ; il laissa passer la justice de Dieu, tout en persistant à croire que le mariage du roi et de la duchesse était le seul moyen d'asseoir en France une paix durable. Il annonça même que ce mariage aurait lieu après la mort du duc François. Le duc mourut l'année même de la bataille de Saint-Aubin ; et, trois ans après, la Bretagne, envahie de toutes parts, achetait la paix par l'union de sa duchesse avec le roi de France.

« Dès que la jeune reine fut établie à Tours, elle s'empressa de lier avec saint François des relations de piété, et elle partagea bientôt pour lui tous les sentiments du roi son époux. » Tout le monde en vit une preuve à la naissance du dauphin : François eut l'insigne honneur de le nommer, lorsqu'il fut présenté aux fonts baptismaux.

Pendant que la reine séjournait à Tours, elle voyait souvent le bon père. Il lui dit un jour qu'elle s'était mariée trop tard, mais que Dieu néanmoins ne l'en punirait pas ; qu'il lui donnerait encore deux fils et une fille ; que ces enfants grandiraient pour le bonheur et la gloire de la France, si le roi et la reine gardaient les commandements de Dieu ; mais que, s'il en advenait autrement, « le tronc, demeuré stérile, serait coupé avec les branches. » Cette prédiction s'accomplit d'abord dans sa promesse de fécondité. Charles VIII eut trois fils et une fille. Mais malheureusement elle s'accomplit ensuite dans sa menace avec une effrayante fidélité.

Le roi commence à dévier des conseils de modération et de tempérance que François de Paule lui faisait entendre. Oubliant les paroles prophétiques de l'homme de Dieu, il perd la régularité des mœurs et s'abandonne au rêve d'une ambition téméraire : la conquête du royaume de Naples.

Ce monarque « était épris de l'amour des batailles. L'occasion de satisfaire ce goût ne lui manquait pas ; il avait aux portes de son royaume des ennemis qui le menaçaient : Maximilien d'Autriche et Ferdinand d'Espagne. Il eût été d'une bonne politique de leur tenir tête; Charles VIII aima mieux les désarmer en souscrivant à leurs prétentions, et tourner toutes ses pensées vers l'Italie. Le droit de la France sur la couronne de Naples pouvait être incontestable, l'entreprise de Charles VIII n'en était pas moins téméraire. L'expérience avait été déjà faite ». Les sages avis ne manquèrent pas au jeune prince, mais il n'écouta que des conseillers irréfléchis.

François de Paule souffrit beaucoup et pria davantage. Français par le cœur, Napolitain par la naissance, son âme était comme sous le pressoir. « Il pria pour le roi de France, et nous allons voir un effet de sa prière; il pria aussi pour la maison royale de Naples, dont il eût voulu conjurer les malheurs.

« Charles VIII part donc pour la conquête de Naples. C'était en 1494. Alphonse II occupait le trône à la place de Ferdinand, son père, mort au mois de janvier de cette même année. Cette expédition ne fut d'abord qu'une course triomphale à travers l'Italie; au mois d'octobre Charles arrive à Pavie; le 17 novembre, il entre en vainqueur à Florence; il affranchit Pise, et le 22 décembre il paraît à Rome, où il se fait couronner roi des Romains et empereur de Constantinople. On put croire un instant à un second Charlemagne.

« Il est touchant de voir ce prince, dans l'éblouissement même du succès, ne pas oublier François de Paule et ses pauvres ermites. Au milieu des fêtes de son couronnement, il trouva une heure pour s'occuper de ces humbles religieux et leur

procurer dans Rome une résidence convenable. »
Ils mangeaient depuis longtemps le pain de l'aumône dans une modeste habitation voisine de
l'église Saint-Anastase, et leur principal bienfaiteur était encore un cardinal français. Charles VIII,
qui se croyait redevable à François des premières
victoires de son règne, résolut de fonder un couvent pour son ordre dans la capitale du monde
chrétien. Il fit faire l'acquisition d'un vaste et bel
emplacement sur le mont Pincio, et le donna aux
Minimes, à la condition expresse que l'établissement ne serait habité que par des religieux français. On se hâta d'abord d'élever une construction
modeste, qui fut ensuite remplacée par un magnifique édifice. Le mont Pincio, ou *colline des Jardins*, à l'occident de Rome, offrait un site délicieux,
« d'où le regard s'étend sur la ville et embrasse au
loin l'horizon. L'église conventuelle, comme tout
le reste des bâtiments, fut une construction toute
française. Elle était bâtie en pierres de taille appor-
tées de Narbonne ; de magnifiques fenêtres s'ou-
vraient dans tous les sens, ornées de vitraux également envoyés de France ; le frontispice était
rehaussé, selon l'ancien usage de France, de deux
élégantes tourelles, et toute la façade garnie de
colonnes ; à l'intérieur, le chœur était encore plus
beau que tout le reste ; dans l'enceinte de l'église
on comptait jusqu'à dix chapelles, » dues à la géné-
rosité de nobles personnages, tels que Guillaume
Brissonnet, cardinal de Saint-Malo, le cardinal
Georges d'Armagnac, les Borghèse, les Colonna.

Cependant les événements se précipitaient.

Charles quitte Rome après six semaines de séjour,
« et reprend sa marche sur Naples. Alphonse II
s'enfuit en Sicile, laissant la couronne à son fils,
qui lui-même se réfugie à Ischia, et, le 22 février,
Charles fait son entrée dans Naples, où le peuple
le reçoit comme un libérateur.

« Cette brillante conquête avait été l'affaire de
cinq mois. Mais, au fond, tout cela n'était qu'une
aventure romanesque qui devait aboutir à la
bataille de Fornoue.

« L'héroïque courage du jeune roi, dans cette
journée mémorable, appelle en quelque sorte sur
les témérités de sa conduite le pardon de l'histoire.
« Le bon et gentil prince, qui était Cœur-de-Lyon,
« parcourut la nuit tous les rangs des soldats,
« disant qu'ils étaient un contre dix, mais qu'ils
« seraient vainqueurs par le courage. » Il haran-
gua ses généraux, à cheval, le matin de la bataille :
« Que dites-vous, messieurs? n'êtes-vous pas déli-
« bérés de me bien servir aujourd'hui? Ne voulez-
« vous pas vivre et mourir pour moi? » Des accla-
mations répondirent à ces paroles. Il reprit :
« Dieu est pour nous, et Dieu bataillera pour
« nous; Dieu veut aujourd'hui montrer le bon
« amour qu'il a pour les bons et loyaux Français.
« Par quoi je vous prie que chacun se fie plus en
« luy et en son ayde qu'en la force de soy-même;
« et, en ce faisant, ne doubtez pas qu'il nous don-
« nera faculté victorieuse, vengeance de nos enne-
« mis, et victoire bien heurrée [1]. »

---

[1] *La chronique du bon chevalier sans peur et sans reproches,*
dans la collection de MM. Michaud et Poujoulat.

« On courut au combat. Au bout d'une heure l'armée italienne était vaincue. Elle avait perdu trois mille cinq cents hommes; il n'y en eut pas cent du côté des Français[1]. C'était là un succès inespéré pour tout le monde, excepté peut-être pour le roi. Il s'était jeté au plus fort du péril,

« l'espée au poinct, la bouche pleine de bonnes et
« vertueuses paroles à ses gens, le cueur plus gros
« que le corps, avec la fierté d'ung lyon, tant que
« la bataille dura, et après la victoire, douls et
« begnin comme un ange, recognoissant la grant
« grâce que Dieu luy avait faicte[2]. »

Cette grande grâce, il l'attribuait, comme tout le monde, aux intercessions du saint ermite qui priait pour lui dans sa cellule du Plessis. Car, il faut le dire, malgré la dissipation de son cœur, la confiance de Charles VIII en saint François était toujours entière, et il s'était recommandé à lui avant de partir.

Le roi était à peine de retour en France, qu'il perdit son dauphin. L'année suivante, la mort lui enleva son second fils; un troisième fils et une fille ne vécurent que quelques jours. Enfin lui-même mourut bientôt après (1498). L'histoire lui reproche le désordre de ses mœurs; mais elle constate aussi qu'il n'abandonna point les pratiques chrétiennes. La dernière semaine de sa vie il s'était confessé deux fois. Quelques moments avant qu'il tombât dans cette galerie du jeu de paume, où il s'était

[1] Commines.
[2] *La chronique,* etc.

heurté violemment le front, il dit « qu'il avait
espérance de ne faire jamais péché mortel ne véniel
s'il pouvait ; et, en disant cette parole, il chut à
l'envers [1] ».

Cette mort privait les Minimes d'un protecteur
dévoué, au moment où leur saint fondateur, en
instances auprès du saint-siège pour l'approbation
de sa règle, comptait sur l'intervention bienveil-
lante du roi.

Louis XI avait recommandé tous ses enfants au
« bon homme » de Paule ; disons donc brièvement
les rapports de François avec les autres membres
de la famille royale.

Ils furent assez rares avec Anne de Beaujeu.
Régente, elle donnait son temps aux affaires de
l'État, et ses loisirs aux fêtes de la cour. Plus tard,
elle vécut loin des lieux que fréquentait le saint
ermite. Il est néanmoins certain qu'elle avait pour
lui des sentiments de vénération et de confiance.
Nous en trouvons le témoignage dans les faveurs
qu'elle accorda aux Minimes, et surtout dans ce
magnifique couvent de Gien, qu'elle leur bâtit et
dota d'un ample revenu (1493-1497).

La seconde fille du vieux monarque, Jeanne de
Valois, sainte et douce figure, méconnue de son
père, de sa sœur et de son époux, eut en François
« un guide dans les voies de la perfection, une
lumière pour éclairer ses pas, un ange de consolation dans les longues et dures épreuves de sa
vie.

[1] Commines, liv. VIII, chap. XVIII.

Bataille de Fornoue.

« Dès que ces deux grandes âmes se furent rencontrées, éprises d'un même objet, possédées d'un même amour, elles se penchèrent doucement l'une vers l'autre sous l'attrait d'une amitié toute spirituelle, et s'unirent pour la vie, pour l'éternité. Tant que Jeanne vécut à Tours, ses relations avec François furent presque quotidiennes. Après sa retraite dans son duché du Berry, l'éloignement les rendit moins fréquentes, il ne les interrompit pas. »

En venant au monde avec des traits sans beauté, avec un corps mal conformé, Jeanne contrista le cœur de son père. « Louis XI ne pouvait voir la pauvre enfant, et son aversion en vint à ce point, que le gouverneur de la princesse, quand il rencontrait le roi, était obligé de la cacher sous son manteau.

En retour, Jeanne était bien chère à Dieu ; il avait enrichi son âme de tous les dons de la grâce. Elle n'aimait que la solitude et la prière.

Ces inclinations déplaisaient au roi : il donna des ordres à la comtesse de Linières pour qu'elle eût à les combattre. « Un jour, la princesse, qui n'avait pas encore six ans, dit à sa gouvernante : « Allons, ma bonne comtesse, prier la sainte « Vierge dans l'endroit que vous savez. — Non, « ma princesse; vous vous appliquez trop, cela « vous incommode. — Ah! loin de là, je suis heu-« reuse et contente quand je prie. — Eh! ne savez-« vous pas que le roi vous a défendu d'être si « dévote? — Le roi ne m'a pas fait sérieusement « une pareille défense, et il ne le pourrait pas, « c'est Dieu qui est le maître. » La comtesse, touchée jusqu'aux larmes, obéit à la pieuse enfant. Mais Louis XI, qui voulait tout savoir, en fut informé, et la piété de Jeanne eut à subir de nouvelles entraves. »

Voyant que sa fille ne changeait pas, le roi en vint aux menaces. Il la surprend un jour en oraison ; furieux, il tire son épée, court à elle comme pour la percer : « Ah! c'est à ce coup, misérable fille, qu'il faut que tu meures! » Le comte de Linières dut encore la dérober à la violence de son père.

Jeanne espérait du moins que le roi la laisserait en dehors des combinaisons de sa politique, et qu'elle pourrait se retirer dans un monastère. Illusion de la pauvre princesse! Elle allait avoir seize ans. Son père la fait appeler : « Je pense à vous marier, lui dit-il; préparez-vous. » Ce fut pour elle un coup de foudre. Elle voulait répondre. « Point de réplique, je le veux, » dit le roi. La douce enfant baissa la tête, et subit, comme d'ailleurs l'époux que la politique lui imposait, une union malheureuse avec le premier prince du sang, Louis de Valois, duc d'Orléans.

Ce fut alors que Dieu lui envoya un ami, un consolateur, saint François de Paule. Elle reconnut vite, sous l'habit du moine étranger, « un exemplaire de perfection, le cœur d'un père; et elle lui livra son âme avec tous ses secrets. De son côté, François connut aisément les desseins de Dieu sur l'âme prédestinée de la princesse, et il mit à son service, pour l'aider à y répondre, ses prières et ses conseils.

« Jusqu'à la mort de Charles VIII, Jeanne pouvait voir son saint directeur en toute liberté ; Louis d'Orléans vivait loin d'elle, tout entier à ses intrigues et bientôt à sa révolte. »

Le duc, se croyant injustement frustré de la régence du royaume, voulait que sa femme pensât comme lui, qu'elle reconnût son droit, qu'elle rompît avec Anne de Beaujeu, et il mettait son cœur à ce prix.

De son côté, la régente sollicitait Jeanne en sens opposé. La pauvre princesse, partagée entre son amour et son devoir, consulte François, et l'homme de Dieu rend la paix à son âme. Elle écrit à son époux qu'elle l'aimera toujours sans l'approuver jamais. Elle répond à sa sœur qu'elle reconnaît son autorité, mais qu'elle ne rompra pas avec le duc d'Orléans. Elle resta dans ce milieu, et, avec l'aide du saint homme, elle s'y maintint fermement jusqu'à la fin.

Une telle proposition déplut à la sœur et à l'époux. La régente regarda Jeanne comme une ennemie secrète ; elle s'efforça, mais en vain, de la perdre auprès du jeune roi. Quant au duc d'Orléans, il se précipita tête baissée dans une lutte qui le conduisit à la prison de Bourges.

Rien n'est plus touchant que la conduite de Jeanne pendant la captivité de son époux : elle accourt à lui dans sa prison, tendre comme une épouse, humble comme une servante ; elle multiplie ses démarches, en bravant mille affronts, pour lui obtenir la clémence du roi. Malgré ce dévouement héroïque, le duc persévère dans son antipathie jusqu'à la fin.

« Charles VIII meurt sans enfants. Le duc d'Orléans monte sur le trône; sa femme s'y asseoit un instant, et c'est pour y être immolée. La cour lui avait été un calvaire, le trône lui fut une croix.

« La première pensée du nouveau roi fut de faire prononcer son divorce avec Jeanne de France... Quelle épreuve pour cette bonne princesse que cet odieux procès! Mais n'oublions pas qu'elle avait près d'elle, dans cette agonie, un ange consolateur, saint François de Paule. Jamais ses rapports avec lui ne furent si fréquents que pendant ces durs moments. »

Chaque jour elle allait trouver le saint homme, et ils s'entretenaient de discours tout célestes et spirituels, du mépris du monde et de ses vanités, du bien et repos d'une âme recueillie en Dieu, et d'autres choses semblables[1].

« La sentence des juges rendit Jeanne à sa liberté. « Dieu soit béni, il a brisé nos chaînes! » Ce fut toute sa réponse. Le roi lui donna « le pays et duché du Berry ». Elle se retira à Bourges; elle y resta jusqu'à la fin de sa vie, et s'y fit aimer et bénir par ses bienfaits. C'est alors qu'elle fonda son ordre de l'Annonciade, avec le concours d'un vénérable religieux franciscain, le P. Gabriel-Marie, et sous la prudente direction de saint François de Paule.

« Au reste, l'établissement de cet ordre n'était pas le résultat d'une pensée née tardivement dans l'esprit de la pieuse princesse. Jeanne avait su, dès

[1] Dony d'Attichy, p. 183.

son enfance, qu'elle serait appelée un jour à le fonder ; elle avait eu cette première révélation au moment même où se célébrait le baptême du dauphin Charles VIII, dans l'église Notre-Dame de Paris. C'est là, au milieu de cette solennité, que, prosternée devant l'autel de la sainte Vierge, une voix mystérieuse s'était fait entendre au fond de son âme : « Ma fille Jeanne, avant que de mourir « tu fonderas une religion en mon honneur ; plai- « sir le plus grand qu'on puisse faire à mon Fils « et à moy. »

« Le mystère resta caché jusqu'aux dernières années de sa vie ; mais il avait été révélé à François de Paule. Aussi, lorsque l'heure fut venue de réaliser ce grand dessein, François de Paule fut-il appelé par la fondatrice à l'éclairer de ses conseils, comme il n'avait cessé de la seconder de ses prières. « Il visita souvent la sainte duchesse par « ses lettres et missives, comme aussi de sa part « elle demandait ses instructions et résolutions de « ses doutes, se recommandant à ses prières et à « celles de ses religieux, quand il lui survenoit « quelque obstacle ou empeschement à l'établis- « sement de son ordre. » Le fait de cette corres- pondance n'est pas douteux...

« On affirme également que saint François de Paule fit le voyage de Bourges pour visiter la sainte duchesse, et c'est à ce voyage que se rat- tache la célèbre prédiction que voici :

« Après la révolte du Milanais en faveur de Ludovic Sforza et la défaite de ce dernier, qui vit, à Novare, son armée refuser le combat et se dissoudre en le livrant lui-même aux Français, le cardinal Ascagne Sforza, son frère, avait été enfermé dans la prison de Bourges, à la place même qu'avait occupée le duc d'Orléans. Le bon père, étant dans cette ville, se rendit à la tour pour visiter le prisonnier, et là il lui prédit qu'il serait bientôt rendu à la liberté. Les choses à ce moment étaient, pour cette maison, plus désespérées que jamais. La prédiction néanmoins se vérifia. Peu de temps après le cardinal eut la liberté d'aller par tout le royaume, et bientôt, Alexandre VI étant mort, il put accompagner à Rome le cardinal d'Amboise, pour l'élection de Jules II.

« Les rapports de sainte affection entre François et Jeanne de France durèrent autant que la vie de cette reine... L'amitié des deux fondateurs a été cultivée après eux par leurs enfants. Les disciples de saint François ont toujours été en communauté de prières avec les filles de la bienheureuse Jeanne. Étant encore à Tours, elle s'était fait enrôler dans le tiers ordre du saint patriarche; ses filles imitèrent cette dévotion. Lorsque, quelques années après sa mort, saint François fut placé sur les autels, les filles de l'Annonciade célébrèrent sa canonisation comme une fête de famille, et le culte du serviteur de Dieu fut toujours maintenu dans leur ordre comme un patrimoine domestique. »

V

Jusqu'à l'année 1492, François de Paule n'avait guère usé de son droit d'établir tels règlements qu'il croirait utiles pour le bien de sa religion. Avant de songer à lui donner des règles, il voulut attendre que son ordre eût subi toutes les épreuves des lieux, des hommes et des choses, et qu'il eût conquis sa place dans l'estime de l'Église, des princes et des peuples. « C'est alors que le sage fondateur, averti lui-même par le déclin de l'âge que l'heure est venue, aborde le dernier acte qui doit couronner son œuvre.

« Il avait près de lui, pour cet important travail, un religieux très capable et plein de son esprit, le P. François Binet ; il s'adjoignit encore plusieurs autres religieux de mérite, parmi lesquels on nomme le P. Bernardin de Cropulato. Le temps et l'expérience avaient rendu le travail facile ; il ne s'agissait guère que de traduire en formules simples et nettes les exercices qui se partageaient la vie des frères.

« Aussi la règle était-elle achevée avant l'année 1492. Le fondateur la fit porter à Rome par plusieurs de ses disciples, chargés de la soumettre au souverain pontife. »

Innocent VIII mourut le 15 juillet 1492. Le roi de France, Charles VIII, ordonna à ses ambassadeurs de poursuivre auprès du nouveau pape, Alexandre VI, l'approbation de la règle des Ermites; et une bulle érigeant leur société en ordre religieux, sous la dénomination de *Minimes*, parut au mois de mars 1493.

De ce jour l'institut posséda sa mission dans l'Église; il eut sa personnalité distincte et son nom propre. Ce nom de Minimes, le plus humble qui soit dans les langues de la terre, le plus grand dans la langue du ciel, ce fut le pape qui l'imposa; mais la découverte en est due à François de Paule, qui sollicita pour ses frères l'honneur de le porter.

Alors aussi la nouvelle religion commença à prendre en France et dans les autres parties de l'Europe les développements que nous avons signalés; François les dirigeait avec une prudence toute surnaturelle. Mais ce soin ne lui faisait pas oublier ses constitutions; il les relisait sans cesse et les modifiait de temps en temps. Il s'occupait de ce travail, lorsque Charles VIII laissa la couronne au duc d'Orléans. Or, bien que le nouveau roi de France eût affirmé qu'il n'avait pas à venger les querelles du duc d'Orléans, il excluait son épouse de ce pardon général. Qu'allait-il en résulter pour l'homme de Dieu, ce meilleur ami de Jeanne de

France? ne devait-il pas être enveloppé dans la disgrâce qui frappait sa fille spirituelle? La crainte d'un tel dénouement fit prendre au patriarche le parti de quitter le royaume.

Louis XII était à Blois. Le saint homme lui envoya deux de ses religieux pour lui demander la permission de retourner en son pays. Le roi se montra d'abord indifférent, et la permission fut accordée. Cependant quelques amis dévoués de François, entre autres le cardinal d'Amboise, archevêque de Rouen, éclairèrent le monarque sur le mérite personnel du moine calabrais ; Louis revint sur sa décision, et, le 18 août 1498, puis le 18 janvier 1499, enfin au mois de décembre de l'an 1500, il confirma par lettres patentes tous les privilèges accordés précédemment en France au patriarche et à l'ordre des Minimes. Il fonde cette marque particulière de sa bienveillance royale sur ce motif, dit-il dans le dernier document, « que sommes fondateur, protecteur et garde dudit ordre, auquel, en suivant nos prédecesseurs, avons singulière confiance, grant amour et fervente dévotion, ayant aussi regard à l'austérité régulière et bonne vie desdits frères François et ses religieux. »

Le saint fondateur acheva donc en paix la revision de sa règle et rédigea celle de son tiers ordre. Appuyé ensuite par l'ambassadeur de Louis XII, il obtint d'Alexandre VI l'approbation de ce double travail, appelé la *seconde règle* (bulle du mois d'avril 1501).

Le pape n'avait pas consulté les cardinaux. Sans

doute l'adhésion du sacré collège n'ajoute rien à l'autorité d'une bulle pontificale. François ne l'ignorait pas ; il regrettait néanmoins cette omission, et craignit qu'elle ne compromît l'avenir de son ordre. Le cardinal Carvajal, protecteur officiel des Minimes, fut également de cet avis et conseilla de solliciter une nouvelle approbation. Dans cette vue, le fondateur fit subir à son œuvre quelques retouches, et la *troisième règle,* examinée cette fois en présence du sacré collège, fut approuvée, avec celle du tiers ordre, par une constitution datée de juin 1502.

Trois ans plus tard, Jules II autorisait François à revoir une quatrième fois ses constitutions et à les compléter par des statuts disciplinaires ; en même temps, et sans y avoir été sollicité par le fondateur, il permettait que les Minimes reçussent la prêtrise à l'âge de vingt-deux ans, et il accordait à tous les serviteurs des couvents de l'ordre, ainsi qu'aux étrangers qui choisiraient leur sépulture chez les Minimes, le privilège spécial de jouir à perpétuité des grâces spirituelles concédées aux religieux eux-mêmes.

Le patriarche se hâta de faire sa *quatrième règle.* Il se hâta, car il sentait que la mort approchait. Dans cette dernière rédaction, il fit entrer la règle des sœurs minimes et un recueil de règlements disciplinaires sous le nom de *correctoire.* Le pape confirma le tout par deux bulles datées du mois de juillet 1506.

Dans la première, *Inter cæteros,* Jules II place François de Paule au nombre des hommes « qui décorent l'Église militante comme des perles précieuses » ; il dit que les frères minimes sont comme « des moissonneurs qui arrachent du

Louis XII.

champ du père de famille les ronces et les épines, et portent à la table du seigneur les gerbes d'une riche moisson ».

La règle de saint François de Paule a maintenant sa forme définitive. Elle se compose de vingt-sept articles, dont dix pour les religieux, dix pour les religieuses, et sept pour les tertiaires.

L'organisation de l'ordre des Minimes diffère peu de celle des autres religions. Quelques points seulement à signaler.

Les membres de l'ordre sont divisés en trois catégories: frères clercs, frères lais, frères oblats. Le classement des sujets se fait pendant le noviciat, qui dure un an, et la profession le rend irrévocable. La tonsure est la seule marque distinctive des clercs. Ils portent jour et nuit, comme les frères lais, une robe d'étoffe noire, un chaperon et une ceinture de laine avec cinq nœuds. L'habit des frères oblats est le même; mais la robe est plus courte, et le cordon n'a que quatre nœuds.

Les frères clercs et lais ne doivent ni toucher l'argent ni porter sur eux aucune monnaie.

Ils jeûneront du lundi de la Quinquagésime à Pâques, de la Toussaint à la Noël, les autres jours de l'année désignés par l'Église, et de plus le mercredi et le vendredi de chaque semaine, excepté en temps pascal et en temps de Noël.

Ils ne mangeront jamais de la chair, ni rien de ce qui en est produit: graisse, beurre, œufs, fromage, laitage. Il est toutefois dérogé à cette sévère prescription dans le cas de grave maladie, et avec les restrictions suivantes:

Chaque couvent a deux infirmeries: l'une intérieure, où les malades ne peuvent prendre que des aliments de carême; l'autre extérieure, c'est-à-dire hors de la clôture et sans communication avec le bâtiment où l'on transporte les malades plus gravement atteints, qui peuvent y prendre toute espèce de nourriture, par le ministère des procureurs de l'ordre ou d'autres personnes charitables. Quand le malade est assez remis pour supporter le régime de carême, il faut qu'il le reprenne aussitôt.

Le silence est prescrit dans le dortoir, comme à l'église, en tout temps ; dans le réfectoire, à la première et à la seconde table ; partout, depuis complies jusqu'à prime. Lorsqu'on peut parler, on doit le faire sans bruit et à voix basse.

Cette règle, que le patriarche appelait *douce et sainte,* que plusieurs papes regardèrent comme établie par Dieu lui-même, a sanctifié des milliers d'âmes. S'en étonnerait-on, lorsqu'on sait que chacune de ses pages, chacune de ses phrases a été fécondée par les prières et les larmes de saint François de Paule ?

« Au surplus, sous ce rapport, la règle des Minimes a produit les mêmes résultats que celles des autres ordres monastiques, et ce n'est pas de ce côté qu'il faut chercher le caractère qui la distingue. Pour trouver ce caractère, il faut considérer le but que se propose le fondateur des Minimes. Ce but, quel est-il ? Saint Augustin avait donné à ses disciples le culte et l'exercice de l'amour : « Mon amour est le poids qui m'entraîne, « c'est par lui que je suis porté partout où je suis « porté. » Saint Benoît, saint Bernard, saint Bruno, aspirent à la contemplation des choses célestes : « La solitude est mon paradis. » Saint François d'Assise chante la sainte pauvreté comme sa reine, son amie, son épouse. Le dominicain et le clerc régulier s'épuisent dans les nobles combats du zèle apostolique : « Malheur à moi, si je n'évangélise ! » Vient ensuite saint François de Paule, avec le projet de faire revivre, en la surpassant, l'austérité de l'abstinence primitive : « Que chacun des frères « fasse de dignes fruits de pénitence dans le régime « quadragésimal. » Tel est son but, différent du but de ceux qui l'ont précédé, parce que les temps eux-mêmes différaient.

« ...François de Paule paraît à une époque où le sensualisme a envahi les mœurs chrétiennes et tend à affaiblir la sève du christianisme ; il paraît à la veille du jour où le père de la réforme va ériger le fait en doctrine et légitimer le désordre des mœurs par un système doctrinal. Tel était le mal : François de Paule apporte le remède. Il prend dans ses mains l'étendard de l'abstinence des premiers siècles chrétiens, cette abstinence pratiquée pendant toute l'année, pendant la vie entière. Il arbore au milieu de l'Église cet étendard divin, et lui attire le respect par ses prodiges. Voilà le propre caractère de l'ordre des Minimes, et par conséquent des règles de cet ordre. Ce caractère est tout resplendissant dans ce vœu de l'abstinence quadragésimale qui en est le foyer, d'où il rayonne ensuite sur tous les autres points de la règle et communique à l'ensemble un cachet particulier, une certaine physionomie de sévérité qu'on ne rencontre nulle part ailleurs.

La règle des Minimes a encore cela de propre, qu'elle réalise l'alliance des deux vies contemplative et active à un degré qui ne s'était pas vu auparavant. « Suivez le religieux minime : au dehors, il est actif comme le disciple de saint Augustin, de saint François d'Assise, il est apôtre ; mais pénétrez dans son cloître, le Minime est comme le chartreux ; dans ce couvent règne le silence le plus profond ; on vit en commun et l'on vit en ermite. Défense au correcteur de sortir sans de graves raisons et sans que ces raisons aient été agréées par le chapitre, ou tout au moins par les collègues. »

Disons quelques mots des religieuses minimes. Cette seconde branche de l'institut n'est pas sortie originairement du tronc, elle a été greffée sur celle du tiers ordre. Néanmoins sa règle, dans la dernière bulle d'approbation, vient immédiatement après celle des religieux.

Les sœurs font les mêmes vœux, pratiquent les mêmes austérités et sont vêtues des mêmes étoffes que les frères ; elle ont un voile noir qui leur couvre les épaules. Toutes, même les oblates, sont assujetties à la plus stricte clôture. « La grille des parloirs est double ; un grand voile noir, tendu sur toute la longueur, intercepte la vue entre le dehors et le dedans. Défense absolue de laisser entrer qui que ce soit dans l'intérieur de la clôture ; ni le médecin ni le confesseur ne sont exceptés. Une grille est fixée à l'un des murs de l'infirmerie, et, quand une sœur est malade, c'est à travers cette grille qu'elle reçoit l'inspection du médecin et les secours du confesseur. »

La règle du tiers ordre, dernière partie des constitutions minimes, est plus restreinte que les deux premières, parce qu'elle s'adresse aux chrétiens du monde, qui ne sont et ne peuvent pas être des religieux.

Le tertiaire ne fait pas de vœux, il n'est pas astreint à la pratique des conseils évangéliques devenus des lois pour les religieux ; « sa perfection à lui, c'est la loi commune de charité, l'observation des commandements de Dieu et de l'Église, et l'accomplissement des devoirs de sa condition. »

Il est obligé au maigre depuis la Sainte-Luce jusqu'à Noël, tous les mercredis de l'année et les trois jours qui précèdent chaque communion générale prescrite par la règle, le jeudi saint ou le jour de Pâques, aux fêtes de la Noël, de la Pentecôte, de l'Assomption, et par la coutume de l'ordre à la fête de saint François de Paule et à la dédicace de saint Michel, archange, patron des Minimes.

Après les trois règles vient le correctoire. François voulut compter avec la faiblesse humaine, et il le fit avec vigueur. Il n'est pas de faute, pas de crime qui ne soit prévu et puni par le correctoire, depuis les simples manquements à la règle jusqu'au vol sacrilège, jusqu'à l'homicide[1]. Deux mois de

---

[1] Les peines édictées par le correctoire sont : la discipline, la privation de voix active et passive, la déposition, le jeûne au pain et à l'eau, la séquestration en cellule, l'emprisonnement. Chaque maison de l'ordre aura une prison convenable, décente et solidement établie, où l'air et la lumière pénétreront par une fenêtre munie de barreaux de fer.

prison, avec privation de voix délibérative au chapitre pendant un an, pour le frère qui touchera, avec advertance, une pièce de monnaie. Les fautes contre le second commandement de Dieu entraînent la peine du jeûne plus ou moins long au pain et à l'eau. Emprisonnement d'un mois à quinze et plus, selon la gravité de la faute, pour le Minime qui a frappé son frère jusqu'à l'effusion du sang, ou qui l'a blessé. Le vol est puni de trois mois de prison ; le vol sacrilège, de la prison perpétuelle, avec faculté de pardon. S'être couché sans son habit mérite là privation de vin et de portion régulière pendant cinq jours. Trois mois de prison si l'on enfreint le régime quadragésimal. Le frère qui pécherait contre le sixième commandement de Dieu serait emprisonné pour six mois, privé pendant ce temps de vin et de portion, et à jamais éloigné du ministère de la confession et de tous les offices de l'ordre [1].

[1] La correction n'atteint, est-il besoin de le dire? que les fautes commises avec un certain caractère de publicité et de scandale.

VI

Nous l'avons dit, François touchait aux derniers jours de son pèlerinage terrestre. Avant de raconter sa fin bienheureuse, jetons un regard sur l'ensemble de sa vénérable personne. Il était « d'une taille un peu au-dessus de la moyenne, d'un tempérament sain et vigoureux. Il avait le visage oblong, dessiné à grands traits, le nez aquilin et un peu long, un regard net et brillant, qui semblait toujours élevé vers le ciel; la modestie en tempérait l'éclat. Ses joues, légèrement colorées, conservèrent longtemps leur fraîcheur; le grand âge et les austérités les flétrirent enfin et les creusèrent. Ses cheveux, blonds dans la jeunesse, étaient devenus, au déclin des ans, blancs comme la neige. Il en était de même de sa barbe; il ne la cultivait pas, et il ne la coupa jamais; elle lui couvrait entièrement les lèvres. Les grands traits de son visage lui donnaient, de près, un certain air de majesté douce et modeste. Son vêtement était grossier, et ordinairement assez mal ajusté...

« Sa vie était d'une inexprimable austérité. La pénitence quadragésimale lui était trop douce, il allait bien au delà. Il faisait un seul repas vers la chute du jour. Il mangeait un peu de pain, des fèves, des racines broyées sous la pierre, des herbes mêmes, et n'importe lesquelles ; « il man- « geait de l'herbe comme un cerf, » a dit un témoin. François buvait de l'eau, jamais de vin, et ce n'était point de l'eau de source, mais de l'eau de pluie : il plaçait des vases de terre sous les gouttières du couvent, et l'eau qu'il recueillait lui servait de boisson. Il portait sur la chair un cilice. En Calabre, il couchait sur une planche suspendue par des cordes ; au désert, sur la terre nue ; en France, sur des sarments avec une pierre pour oreiller. Et encore se refusait-il souvent le repos de ce lit de pénitence : il se contentait de s'asseoir. Il passait les plus longues heures de la nuit à genoux ou debout. Ses occupations du jour étaient l'oraison d'abord, ensuite la récitation de l'office de la bienheureuse Vierge, des psaumes de la péni- tence, des vêpres des morts, des heures canoniales. Après cela il vaquait au plus rude travail des mains, aux plus bas offices du couvent, lui supé- rieur général de son ordre. »

Amant passionné du recueillement et du silence de la solitude, François avait ses relations obligées avec ses frères et avec le dehors. « Il subissait à cet égard, sans se plaindre, la rigueur du devoir et des bienséances ; mais il se dédommageait alors de la peine qu'il ressentait en ne parlant que de Dieu, des intérêts de sa gloire ou du salut du prochain.

« Dieu avait répandu sur ses lèvres une grâce mer« veilleuse d'élocution[1]. » Bien qu'il fût sérieux et grave dans ses paroles, son commerce ne manquait ni de politesse ni d'aménité. Toutes les fois qu'il abordait quelqu'un, un sourire aimable illuminait ses traits... Son cœur était plein des plus doux sentiments envers les hommes. Ce lui était un plaisir extrême de donner ; il donnait par charité, par reconnaissance. Pauvre, ses dons étaient ceux de la pauvreté ; mais ses mains en étaient toujours pleines. » Son amour pour l'angélique vertu, joint à l'austérité de sa vie, permit à Léon X de faire de lui cet éloge : « Il semblait formé, non de chair, mais d'esprit seulement ; ce qui rappelle ce beau passage de saint Grégoire de Nazianze, que le propre de la virginité est d'abaisser le ciel jusqu'à la terre et d'élever la terre jusqu'au ciel ; car, ajoute-t-il, les anges sont des vierges sans corps, et les vierges sont des anges revêtus d'un corps[2]. »

Et quand on considère que « cette âme si chaste, si virginale, cette âme qui est toujours demeurée dans sa première enfance du saint baptême, fait une pénitence si rigoureuse, on frémit jusqu'au fond de l'âme. Ce vieillard vénérable que vous voyez marcher avec une contenance si grave et si simple, soutenant d'un bâton ses membres cassés, il y a soixante et dix-neuf ans qu'il fait une pénitence sévère. Dans sa treizième année, il quitta la maison paternelle ; il se jeta dès lors dans la solitude, il

1 Office du saint.
2 Bulle de canonisation.

embrassa dès lors les austérités. A quatre-vingt-
onze ans, ni les veilles, ni les fatigues, ni l'extrême
caducité, ne lui ont pu encore faire modérer
l'étroite sévérité de sa vie, que Dieu n'a étendue si
longtemps qu'afin de nous faire voir une persévérance incroyable. Il fait un éternel carême, et
durant ce carême il semble qu'il ne se nourrisse
que d'oraisons et de jeûnes. Un peu de pain est sa
nourriture, de l'eau toute pure étanche sa soif;
à ses jours de réjouissance, il y ajoute quelques
légumes; voilà les ragoûts de François de Paule.
En santé et en maladie, tel est son régime de vie;
et dans une vie si austère, il est plus content que
les rois [1]. »

Vers le milieu du carême de l'an 1506, François
fut pris d'une fièvre qui, en peu de jours, consuma
ce qui lui restait de force, et Notre-Seigneur lui fit
connaître le jour et l'heure de sa mort. A cette
bonne nouvelle il réunit, le cœur plein de joie, les
frères du couvent et leur dit: « Sachez, mes bien-
aimés fils et frères, que ma mort est proche : je
mourrai le jour de la passion de notre béni Sauveur,
vers les neuf heures du matin. » A ces mots, les
frères se prirent à sangloter. Il les consola et leur
recommanda instamment l'exacte observation de
leur règle. Puis, ne pouvant presque plus se sou-
tenir, il s'étendit sur son lit de sarments.

C'était le dimanche des Rameaux, 28 mars. Les
trois jours suivants, la faiblesse du saint vieillard
augmenta encore. On lui offrit des boissons forti-

---

[1] Bossuet.

fiantes ; il les refusa. Le jeudi saint, il voulut se lever et faire à l'église ses dernières dévotions. Auparavant il se rendit, soutenu par deux frères et appuyé sur son bâton, à la salle du chapitre, où tous les religieux étaient assemblés. « Après une courte et paternelle recommandation, testament spirituel d'un père, il lava les pieds à tous ses frères. Il pleura pendant cette cérémonie, au souvenir de son béni Sauveur. Les frères pleuraient aussi, en pensant qu'ils allaient perdre leur bon père.

« Vint ensuite la cérémonie de la réconciliation. « Mes frères, dit François, devant aller tout à « l'heure à la communion, réconcilions-nous dans « la charité de notre béni Sauveur. » Il se met le premier à genoux, et demande pardon à Dieu de toutes ses fautes ; puis il demande pardon à ses frères eux-mêmes de la trop grande sévérité avec laquelle il les aurait quelquefois réprimandés, et de sa négligence à procurer leur sanctification. Les frères firent leur coulpe, et, s'étant ensuite approchés de leur bon père, il les embrassa tous avec tendresse. Ce baiser de paix était aussi le baiser d'adieu.

« Cette cérémonie revenait tous les ans au jeudi saint ; mais combien était-elle plus touchante cette fois, à la veille d'une aussi douloureuse séparation !

« De la salle du chapitre, on alla à l'église pour l'office du matin. François prit sa place accoutumée ; il se confessa comme d'habitude et se prépara à la sainte communion. Sa préparation fut très longue ; il récita un grand nombre de pieuses prières et

4*

versa beaucoup de larmes. S'étant agenouillé, il passa son cordon autour du cou et le croisa sur sa poitrine, suivant l'usage qu'il avait établi pour la communion des frères non prêtres, et, après avoir répété trois fois la prière de l'humble centenier : *Seigneur, je ne suis pas digne...*, il reçut le sacrement de l'Eucharistie. Tous les frères communièrent après lui. Il demeura quelque temps au chœur, pendant qu'on chantait l'office. Mais, comme on s'aperçut bientôt que ses forces l'abandonnaient, on le reconduisit à sa cellule.

« Le lendemain, vendredi saint, François, sentant que son heure approchait, fit appeler ses religieux. Après quelques recommandations, il leur dit : « Je « nomme pour mon successeur frère Bernardin de « Cropulato, qui gouvernera l'ordre jusqu'au pro- « chain chapitre général ; que tous les frères lui « obéissent comme à moi-même... » Et il donna à tous une suprême bénédiction. On lui récita les psaumes de la pénitence, les litanies et la Passion de Notre-Seigneur ; il ajouta : « Seigneur, je remets « mon âme entre vos mains. » Ayant pris de l'eau bénite, il fit le signe de la croix. Il saisit son crucifix et le baisa. Puis le tenant des deux mains, les yeux fixés sur l'image du Sauveur mourant, il fit à haute voix cette prière : « O Jésus béni ! bon « Pasteur ! gardez les justes, justifiez les pécheurs, « faites miséricorde aux fidèles trépassés, et soyez « propice à moi, pécheur. Ainsi soit-il. Jésus, Maria ! » Et il expira doucement, sans agonie, dans les baisers du Seigneur. C'était vers les neuf heures du matin...

« La mort du juste n'est pas une mort, mais un doux sommeil. Quand le juste veut mourir, il s'incline vers son bien-aimé, pose sa tête sur son cœur, ferme les yeux et s'endort. Il s'endort sur la terre pour se réveiller au ciel. »

Le corps fut porté à l'église du couvent, où il resta exposé jusqu'au lundi de Pâques. De la ville, des campagnes, on vint en foule autour de la sainte dépouille. L'enthousiasme de la dévotion alla si loin, qu'il fallut la force armée pour protéger le saint corps contre les pieuses indiscrétions de la multitude.

Le lundi de Pâques, les restes mortels du patriarche, déposés dans un cercueil de bois, furent inhumés dans la chapelle de la nef de l'église, au milieu d'un concours de plus de six mille personnes.

« Mais là n'était pas le lieu de son repos. Cette partie de l'église était particulièrement exposée aux inondations du Cher, qui l'avait déjà visitée plusieurs fois ; elle était fort humide, » et l'on pouvait craindre pour l'intégrité du saint corps, mal garanti d'ailleurs par un cercueil de bois. Louise de Savoie demanda pressamment son exhumation, et elle eut lieu le jeudi de la semaine de Pâques.

« Chose admirable ! non seulement le corps fut trouvé intact, mais on y sentit encore la douce chaleur qu'il avait conservée avant son premier ensevelissement. Le visage était frais et beau. » La princesse, venue avec sa suite vénérer la sainte dépouille, « trouva les pieds et les bras souples et colorés comme ceux d'un homme vivant. »

Il fallut préparer un tombeau. Le couvent des Montils possédait un énorme bloc de pierre que lui avait donné la commanderie de Saint-Jean de Jérusalem, située à une lieue environ de Tours. Ce bloc gisait sur la voie publique et gênait la circulation ; mais on avait fait d'inutiles efforts pour le déplacer, et, afin d'y trouver quelque profit, on l'avait disposé en auge pour l'abreuvement des chevaux.

On songea d'en tailler un cercueil au serviteur de Dieu. Mais comment transporter à l'église cette masse que, suivant la tradition du pays, n'avaient pu traîner dix-huit paires de bœufs ? On se rappelle ce premier insuccès, on se le redit, et néanmoins l'on persiste. On invoque le saint, et l'on se met à l'œuvre. Soudain le bloc devient léger, cinq hommes le soulèvent et le placent sur un char, et cinq chevaux traînent le char jusqu'au couvent. On creusa dans cette pierre le tombeau de François de Paule.

Ces détails ont été recueillis de la bouche même des hommes qui furent chargés de ce pieux labeur, et de la bouche du voiturier qui transporta le bloc. On serait vraiment trop exigeant, si on ne se contentait pas, dans une telle matière, de semblables témoignages.

« A peine fermé, le tombeau de saint François devint glorieux. Mais la puissance du thaumaturge ne resta pas enchaînée à sa tombe : des miracles éclatèrent de toutes parts, en France, en Espagne, en Italie, à Naples, » surtout en Calabre, où, malgré vingt-cinq ans d'absence, le nom du patriarche « était aussi populaire qu'à l'époque des merveilles de Paule et de Paterno. C'est à ce déploiement subit de puissance surnaturelle, nous dirions mieux, à cette explosion de prodiges », qu'il faut attribuer la prompte canonisation du saint homme. « Cette œuvre fut accomplie en treize ans, et sous le même pontife. Mort en 1506, François de Paule fut béatifié par Léon X en 1513, et canonisé par le même pape en 1519. »

Vers la fin d'avril, trois semaines après la mort de François, une fièvre aiguë mettait en danger les jours de la princesse Claude, fille de Louis XII. La reine Anne de Bretagne fit vœu de travailler de toutes ses forces à la canonisation de François, s'il obtenait de Dieu la guérison de sa fille. A l'heure même Claude de France recouvra la santé.

Fidèle à sa promesse, Anne de Bretagne écrivit au pape Jules II pour le prier de faire instruire la cause du serviteur de Dieu. Le souverain pontife donna ordre d'ouvrir, en France et en Calabre, les informations juridiques sur la vie, les vertus et les miracles du fondateur des Minimes. L'évêque de Paris chargea l'official de Tours et deux chanoines de cette métropole de recueillir les témoignages. Le tribunal entendit les dépositions de cinquante-sept témoins. Dans le même temps (de juillet à septembre 1513), l'évêque d'Amiens recevait la déposition d'un gentilhomme calabrais, originaire de Paterno.

En Calabre, les enquêtes juridiques durèrent plus de treize mois : le tribunal entendit cent trois témoins, du 15 juin 1512 au 18 janvier de l'année suivante. Partout les commissions hâtaient leurs travaux, lorsque, le 21 février 1513, le pape Jules II mourut. Léon X lui succéda, et, dès la première année de son règne, il proclama la béatification de François de Paule. « Les enfants du bienheureux patriarche purent dès lors placer son image bénite sur les autels, et célébrer sa fête le 2 avril dans toutes leurs églises. »

Cependant de toutes parts on demandait pour le patriarche des Minimes de nouveaux honneurs. La maison royale eut encore l'initiative : un tendre intérêt de famille l'y amena. La reine, qui désirait ardemment un dauphin, promit publiquement au bienheureux, s'il lui obtenait un fils, de l'appeler de son nom et de poursuivre la cause de sa canonisation. Puis, sans attendre l'accomplissement de la condition qu'elle y avait attachée, la pieuse reine se mit en devoir de remplir son engagement. Dans ce but, elle écrivit lettres sur lettres au pape Léon X et au sacré collège. François, de son côté, voulut récompenser cette sainte confiance : le 28 février 1516, naquit un dauphin. Cet heureux événement accrut encore le zèle du roi et de la reine pour la cause du serviteur de Dieu; et leur exemple fut suivi par Anne de France, devenue alors duchesse de Bourbon, par Charles de Bourbon, Charles de Valois et beaucoup d'autres illustres personnages.

Des villes, des bourgs, des grandes familles d'Italie et surtout de la Calabre, les suppliques tombaient encore plus nombreuses aux pieds du vicaire de Jésus-Christ. Une nouvelle instruction de la cause fut ouverte dans différentes villes de la Calabre. On entendit cent trente témoins. Les informations étant achevées (1518), une commission formée de six cardinaux examina les procès-verbaux, — en tout deux cent quatre-vingt-dix dépositions, — les suppliques, les lettres ; et le grand acte de la canonisation fut accompli de 1er mai 1519. Une note curieuse de Louise de Savoie insérée dans son journal relate ainsi l'événement : « L'an 1519, frère François de Paule, des frères mendiants, et cinquième évangéliste, fut par moy canonisé ; à tout le moins, j'ai payé la taxe. »

A partir de cette époque, les foules accoururent au tombeau du patriarche comme à celui du grand évêque saint Martin. Hélas ! la piété catholique ne devait pas jouir longtemps de ce nouveau trésor.

Les huguenots sont dans la ville de Tours (1562). Une troupe de ces bandits s'empare du couvent des Minimes ; quelques religieux sont blessés ; l'un d'eux, le P. Eustache d'Apuril, vieillard octogénaire infirme, est précipité du haut de l'escalier de l'infirmerie, pour n'avoir pas voulu renier sa foi ; les autres prennent la fuite et se retirent au couvent de Montgauger.

Les huguenots déclarent la guerre aux morts. Ils profanent les restes sacrés de saint Gatien et de saint Martin ; au couvent du Plessis ils fouillent les tombes... Ne parlons que de celle de notre héros. Après qu'ils l'eurent ouverte, ils en tirèrent, au moyen d'une corde attachée au cou, le saint corps, qui était entier et collé en plusieurs endroits aux vêtements ; ils le traînèrent sacrilègement à travers l'église et le long du cloître, jusqu'à l'hôtellerie. Pendant qu'ils faisaient les préparatifs nécessaires pour le brûler, de pieux catholiques trouvèrent le moyen d'en détacher quelques parties, qu'ils remirent plus tard au Père provincial. Le lendemain, quelques religieux revinrent au couvent ; ils recueillirent les cendres et les déposèrent dans la tombe du bienheureux.

Le sacrilège était consommé et la haine de l'hérésie satisfaite. Heureusement l'impiété n'avait pu atteindre la meilleure partie du patriarche : l'œuvre où il avait déposé son esprit et qu'il avait léguée à l'Église subsistait tout entière.

L'ordre des Minimes comptait, à la mort de son fondateur, trente-deux maisons d'hommes et une de femmes. Plusieurs nous sont connues. Nommons-en quelques autres : le couvent Saint-Louis de Naples, donné par Ferdinand Ier ; le couvent de Gênes, bâti par le prince Doria ; le couvent de Castellamare, fondé par Gonzalve de Cordoue ; le couvent du Saint-Sépulcre, aux portes de Messine. Voilà pour l'Italie.

En Espagne, les Minimes possédaient le couvent du Port-Sainte-Marie, fondé en 1502 par le duc de Medina-Cœli, et celui d'Écija, fondé quatre ans plus tard.

En France, Jean d'Armagnac, duc de Nemours, avait établi les Minimes à Châtellerault (1495) ; la princesse Anne, à Gien (1497) ; Jacques de la Trémouille, à Bommiers (diocèse de Bourges).

Trois fondations étaient promises à Blois, à Nantes, à Bordeaux.

Le saint-siège continua sa bienveillance à l'institut de François de Paule. Pendant des siècles les Minimes virent leurs privilèges confirmés autant de fois que l'Église compta de nouveaux pontifes, et de temps en temps aussi d'autres privilèges furent ajoutés à ceux que l'ordre possédait déjà.

Nos rois ne traitèrent pas les Minimes avec moins de munificence. François Ier les exempta des dîmes qui étaient levées sur le clergé; Henri II leur confirma ce privilège (1547); Charles IX restaura leur couvent de Tours, ravagé par les huguenots; Henri III leur donna a maison de Vincennes (1585) et voulut assister au premier office qui fut chanté dans l'église de ce couvent; Henri IV fit rebâtir leur établissement de Châtellerault, ruiné par les hérétiques. La plus riche et la plus belle fondation de l'ordre fut en grande partie le fruit des libéralités de Henri IV, de Louis XIII et de Marie de Médicis. C'était le couvent de la place Royale, dont la régente posa la première pierre en 1611, le jour de la Nativité de la sainte Vierge. Louis XIII, dans ses expéditions contre les protestants, voulut avoir au milieu de ses soldats des disciples de saint Francois de Paule; et, après la prise de la Rochelle, il leur fit construire près de cette ville le couvent de Notre-Dame-de-la-Victoire.

Ainsi protégés et tout resplendissants, pour ainsi dire, de la gloire de leur fondateur, les Minimes devinrent très populaires. Un siècle après la canonisation de saint François, ils possédaient plus de quatre cents couvents. Vers le milieu du XVIIIᵉ siècle, la France comptait, à elle seule, cent cinquante-cinq maisons.

« C'est au milieu de cette période d'expansion tranquille et prospère que l'ordre est tout à coup surpris par les événements révolutionnaires de la fin du siècle dernier. Enveloppé dans le commun désastre, il a survécu à la tempête, » mais si cruellement mutilé, qu'on ne trouve encore aujourd'hui parmi nous qu'une seule communauté de Minimes.

A Tours, second berceau de l'institut, l'ancien couvent des Montils est devenu la maison de campagne du petit séminaire.

Il est impossible néanmoins que cette ville oublie jamais le saint illustre qui, pendant vingt-cinq ans, l'embauma du parfum de sa sainteté. Elle prononce avec amour son nom béni ; elle a des autels qui lui sont consacrés ; une croix s'élève sur le lieu même où reposent les restes du patriarche, et l'on entoure d'un culte de respect un grand arbre qui fut, dit-on, planté par lui.

Sur d'autres points de la France, le saint homme de Paule « reçoit encore, de temps en temps, des hommages publics. N'a-t-on pas vu, pendant les ravages du choléra, toute une grande ville [1] invoquer, dans une procession solennelle, sa protection contre le terrible fléau ? Et quelle dévotion plus animée, plus enthousiaste, que celle qu'on voit

____

[1] Perpignan.

éclater chaque année, au retour de sa fête, sur quelques points de la Provence », à Bormes en particulier ?

De nos jours, les Minimes ne sont répandus en grand nombre que dans le royaume de Naples. Ils sont nés sur ce sol ; sa fécondité n'est pas épuisée. Leur saint fondateur y a reçu en ce siècle, à la face de l'Europe chrétienne, un solennel hommage de reconnaissance, dont voici l'origine :

« Les armées françaises venaient d'envahir l'Italie; Ferdinand I⁰ʳ avait été dépouillé d'une partie de ses États. Dans ce malheur, il a recours à saint François de Paule ; il fait vœu d'édifier à Naples une église en l'honneur du saint, dès qu'il sera rentré en possession de ses domaines. 1815 arrive et ramène Ferdinand dans sa capitale. »

Le roi se mit en devoir de remplir sa promesse. La place du Palais-Royal, la plus belle de Naples, est encore une des plus belles qu'on puisse voir en Italie. C'est là que le monarque fit construire le monument de sa royale gratitude (1817-1831). Il s'élève somptueux, splendide, et par l'ampleur de ses lignes, par la richesse de ses marbres, par la perfection des œuvres d'art qui le décorent, il mérite le premier rang parmi les édifices religieux de notre époque.

Les Minimes ont deux maisons à Rome. « Nous ne parlons pas du couvent de la Trinité-du-Mont : ce couvent, jadis si renommé, ne les abrite plus aujourd'hui; les religieuses du Sacré-Cœur les ont remplacés. Les belles fresques dont le cloître avait été décoré existent encore et rappellent aux visiteurs la vie, les œuvres et les miracles les plus éclatants de saint François de Paule.

« Le général de l'ordre réside au couvent de Saint-André-delle-Fratte, dont l'église est devenue célèbre, comme on sait, par le miracle de conversion » que la sainte Vierge daigna y opérer en faveur d'Alphonse-Marie Ratisbonne (1842).

FIN

30871. — Tours, impr. MAME.

FORMAT IN-12 — 3ᵉ SÉRIE

BIBLIOTHÈQUE ÉDIFIANTE

BIENHEUREUX JEAN-GABRIEL PERBOYRE (vie et martyre du), prêtre de la congrégation de la mission de Saint-Lazare, mort pour la foi en Chine, par Joseph Boucard.

DON BOSCO, par A. Janniard du Dot.

ENFANTS DE LA BIBLE (les), par l'abbé Knell.

GARCIA MORENO, par A. Janniard du Dot.

GROTTE DE LOURDES (histoire de la), par l'abbé A. Aubert.

JEUNES SAINTES (1ʳᵉ série), par M. l'abbé J. Knell.

JEUNES SAINTES (2ᵉ série), par M. l'abbé J. Knell.

LÉON XIII (histoire du Pape), par l'abbé A. Aubert.

MERVEILLES DE PARAY-LE-MONIAL (les), par l'abbé A. Aubert.

MONTAGNE DE LA SALETTE (histoire de la), par l'abbé A. Aubert.

MORALE PRATIQUE, par G. de Gérando.

NOTRE-SEIGNEUR JÉSUS-CHRIST (vie de), par l'abbé Verger.

SAINT ANTOINE DE PADOUE, par Joseph Boucard.

SAINT BENOIT (Vie et miracles de), par Jean Boucard.

SAINT DOMINIQUE, par l'abbé Pradier.

SAINTE ÉLISABETH DE HONGRIE (histoire de), par D. S.

SAINT FRANÇOIS D'ASSISE par M. l'abbé Verger.

SAINT FRANÇOIS DE PAULE, par M. l'abbé Pradier.

SAINT FRANÇOIS DE SALES, par Marsollier.

SAINT FRANÇOIS XAVIER (vie de), apôtre des Indes et du Japon.

SAINTE GENEVIÈVE, patronne de Paris (vie de), par D. S.

SAINT IGNACE DE LOYOLA (Vie de). par E. Peltier.

SAINT LOUIS, ROI DE FRANCE (histoire de), par de Bury.

SAINT LOUIS DE GONZAGUE (vie de), par le P. Virgile Ceprari.

SAINT MARTIN, ÉVÊQUE DE TOURS (Histoire populaire de), par N. Cruchet et A.-H. Juteau.

SAINTS PATRONS DE L'AGRICULTURE (les), par le comte de Grimouard de Saint-Laurent.

SAINTS PATRONS DE L'ENFANCE (les), par le comte de Grimouard de Saint-Laurent.

SAINT PAUL, APOTRE DES GENTILS (histoire de), par D. S.

SAINT PIERRE FOURIER, curé de Mattaincourt, par A. Jeanniard du Dot.

SAINT PIERRE, PRINCE DES APOTRES ET PREMIER PAPE, par M. l'abbé Janvier.

SAINTE THÉRÈSE, d'après les auteurs espagnols et les historiens contemporains, par M. de Villefore.

SAINT VINCENT DE PAUL, instituteur de la congrégation de la Mission et des Filles de la Charité, d'après M. Collet.

SANCTUAIRES DES PYRÉNÉES (les). Pèlerinages d'un catholique irlandais; traduit de l'anglais de Denys-Shyne Lawlor, esq., par Mᵐᵉ la Cᵗᵉˢˢᵉ L. de l'Écuyer.

SŒUR CATHERINE LABOURÉ, par Joseph Boucard.

SOUVENIRS DE CHARITÉ, par le comte de Falloux.

TERRE SAINTE (la), Souvenirs et impressions d'un pèlerin, par M. l'abbé Rampillou.

TRÈS SAINTE VIERGE (vie de la), par M. l'abbé Bourassé.

VÉNÉRABLE JEAN-MARIE-BAPTISTE VIANNEY, CURÉ D'ARS (le), par A. Jeanniard du Dot.

VIES DES SAINTS DE L'ATELIER (1ʳᵉ série).

VIES DES SAINTS DE L'ATELIER (2ᵉ série).

VISITES DES ANGES (les), traduit de l'anglais par W. Fitz-Gerald.